일산오빠의
실용음악
시창·청음

일산오빠의 실용음악 시창·청음

초판 1쇄 인쇄 2017년 11월 02일
초판 9쇄 발행 2024년 04월 22일

지은이 윤영준, 김지은
기획·편집 양세진
마케팅 정보옥, 전혜진
음원 작업 이준용
펴낸곳 1458music
디자인 JK Design

주소 경기도 성남시 분당구 장미로 42, 리더스빌딩 716호
전화 070-8670-4340
팩스 0504-848-4340
등록 2008년 4월 21일, 제2008-000017호
홈페이지 www.1458music.com
블로그 blog.naver.com/1458music
유튜브 www.youtube.com/c/1458music
이메일 1458music@naver.com
인쇄 예림인쇄

ISBN 979-11-953562-8-7

일산오빠의 실용음악 시창·청음

윤영준, 김지은 지음

서문

시창청음은 음악을 하는 사람들에게 기본기와 같습니다.

종목에 상관없이 운동선수들이 근육 훈련을 하는 것처럼 음악을 하는 사람들은 꾸준한 시창청음 연습이 필요합니다. 하지만 그 중요성에도 불구하고, 시창청음은 배워도 모르겠다는 분들이 많습니다.

실제로 상대음감인 사람들이 기본기가 준비되지 않은 상태에서 너무 난이도가 높은 선율과 리듬부터 연습하기 때문에, 시창청음에 어려움을 겪는 경우를 많이 보았습니다.

지금까지 대부분의 시창청음 연습은 클래식 분야에 더 가깝다고 생각합니다. 그래서 음을 듣고 부르는 것에 집중했습니다. 하지만 실용음악 분야는 음을 듣고 부르는 것뿐만 아니라 코드라는 큰 틀 안에서 진행과 악기들의 앙상블을 이해하는 연습이 필요합니다.

그래서 초보자들도 쉽게 시작할 수 있는 실용음악 시창청음 교재를 고민하였습니다. 음의 높이부터 음의 간격, 음의 어울림, 음의 배열 순으로 차근차근 범위를 확장시켜 가는 방법으로 시작하여, 실용음악 현장에서 꼭 필요한 주요 코드 진행과 악기 청음에 관한 내용도 수록하였습니다.

이번 책이 더 의미가 있는 점은, 저희 부부가 함께 집필하였다는 것입니다.
실제 음악 작업 현장과 실용음악대학 시창청음 강의 경험을 바탕으로 서로 많은 대화와 고민을 통해 책을 완성하였습니다. 음악 작업은 여러 번 함께 해왔지만 같이 책을 쓰는 경험은 처음이기에 저희 부부 모두에게 참 소중한 시간이었습니다.

이번에도 머릿속에 있던 내용들이 책으로 나올 수 있도록 도와주신 1458music의 양세진 대표님, 음악을 통해 가족이 된 RBW 대표님과 관계자분들, 함께 가는 길이 힘이 되는 플로잉 인터네셔널 식구들, 그동안 수업을 통해 만났던 모든 학생분들, 언제나 기도로 힘이 되어 주시는 양가 부모님께 감사드립니다.

10년이라는 시간 동안 성장할 수 있도록 서로에게 힘이 되어준 우리 부부에게도 고맙다는 말을 전하고 싶습니다.

give the glory to God

다시 한 번 가을을 맞으며

저자 윤영준, 김지은

이 책의 특징

1. 체계적인 구성

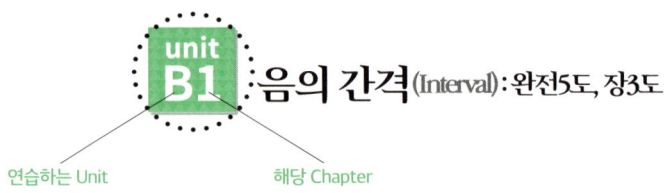

연습하는 Unit   해당 Chapter

시창청음의 7개 Unit [① 음의 높이, ② 음의 간격, ③ 음의 길이, ④ 코드, ⑤ 스케일(모드), ⑥ 코드 진행, ⑦ 악기]을 각 9개 Chapter로 구성하였습니다.

Chapter가 올라갈수록 연습 수준이 조금씩 높아집니다. 각 Chapter에 있는 Unit들은 유기적으로 구성되어 있어서, 순서에 따라 하나씩 연습하다 보면 시창청음의 기본기를 탄탄하게 준비할 수 있습니다.

7개의 Unit은 고유의 알파벳으로 표시하였습니다. 그래서 실력이 부족한 영역을 모아서 연습하기 쉽습니다. 예를 들어, [음의 간격]에 대한 연습을 집중적으로 하고 싶으면 Chapter 별 Unit**B**를 학습하면 됩니다.

A	B	C	D	E	F	G
음의 높이	음의 간격	음의 길이	코드	스케일	코드 진행	악기

2. 악기 청음 연습

심벌(Cymbal)
하이햇(Hi Hat)
탐(Tom)
스네어(Snare)
킥(Bass Drum)

기존 시창청음 교재는 선율과 리듬 위주의 구성이 많았습니다. 하지만 실용음악 현장에서는 선율과 리듬뿐만 아니라 악기에 관한 청음 능력이 꼭 필요합니다.

일산오빠의 실용음악 시창청음은 Unit**G** 마다, 실용음악에서 자주 사용하는 악기에 관한 내용을 수록하였습니다. 악기 청음에 익숙해지면 기성곡을 Copy하는 연습이나, 밴드 합주, 작곡 등의 영역에서 잘 활용할 수 있습니다.

3. 종합문제

3개의 Chapter가 끝날 때 마다 종합문제를 제공합니다. 앞에서 학습한 내용들이 종합적으로 섞여있습니다. 배운 내용을 복습하고 실력을 테스트 할 수 있습니다. 종합문제에서 반복적으로 틀리는 부분이 있다면 해당 Unit을 꼭 다시 연습해야 합니다.

공부하는 방법 무료 강의 & 음원 이용 방법

1. 무료 팟캐스트 강의

일산오빠의 실용음악 시창청음은 저자의 강의를 무료로 제공합니다. 강의는 교재가 제공하고 있는 동일한 음원 파일을 이용하여 진행합니다.

강의를 통해 책으로만 연습하기에 부족한 부분을 보충할 수 있습니다. 하나의 강의가 2개의 Unit을 다루는 경우도 있기 때문에 교재 오른쪽 상단의 표시를 확인한 후, 해당 강의를 들으시면 됩니다.

강의 파일은 팟캐스트 채널인 팟빵 [www.podbbang.com/ch/15116]과 출판사 공식 유튜브 채널에서 [youtube.com/c/1458music]에서 들으실 수 있습니다.

인터넷 환경에 따라 무료 강의 제공 방법이 달라질 수 있습니다. 강의 채널이 변경될 경우 출판사 페이스북 페이지 [www.facebook.com/1458music]와 네이버 블로그 [blog.naver.com/1458music]를 통해 공지하겠습니다.

무료 강의 팟캐스트 채널 : www.podbbang.com/ch/15116

1458music 유튜브 채널 : youtube.com/c/1458music

유튜브 바로가기

2. 음원 이용 방법

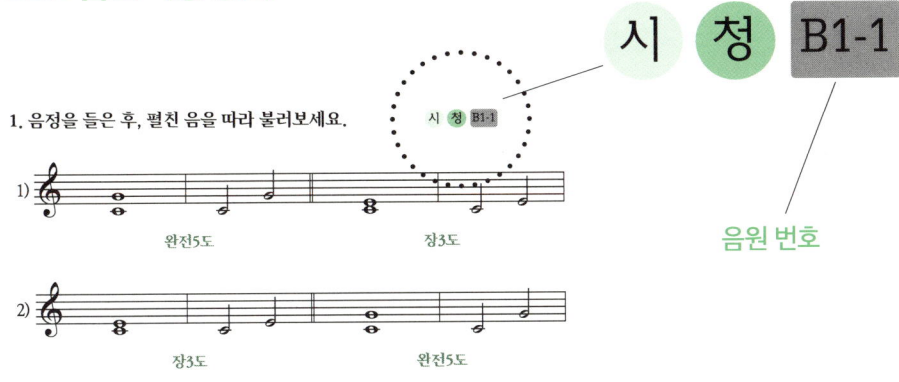

1. 음정을 들은 후, 펼친 음을 따라 불러보세요.　시 청 B1-1

완전5도　　　　장3도

장3도　　　　완전5도

시　청　B1-1

음원 번호

일산오빠의 실용음악 시창청음은 교재에 있는 모든 악보를 음원 파일로 제공합니다. 그래서 피아노가 없는 환경에서도 시창청음 연습을 할 수 있습니다.

교재의 문제 오른쪽에 음원 번호가 적혀 있습니다. 음원 번호에는 해당 Chapter와 Unit, 문제 번호가 적혀 있습니다. 시창에 관한 음원은 해당 문제의 정답이 녹음되어 있습니다.

음원 파일은 아래 QR 코드로 접속하면 받을 수 있습니다.(CD는 따로 제공하지 않습니다.) 스마트폰을 이용하여 스트리밍으로도 들을 수 있습니다.

퍼알 다운로드　　　　스마트폰 스트리밍

INDEX

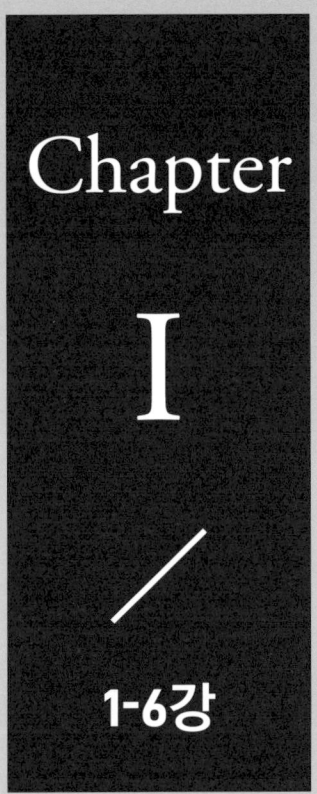

Chapter

I

1-6강

음의 높이 : 도, 미, 솔

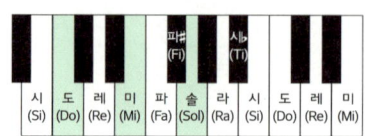

시창과 청음 연습은 정확한 음을 듣고 부르는 것부터 시작합니다. 주요 3화음 중, 으뜸화음(1도)의 구성음인 **도, 미, 솔**부터 연습합니다.

1. 음을 듣고 악보를 보면서, 따라 불러보세요.   시 청

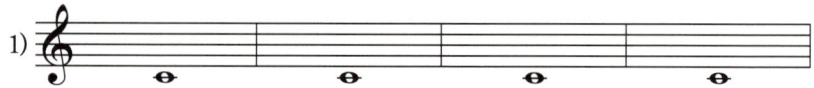

2. 악보의 음을 정확하게 불러보세요.   시 A1-2

▶*check*

3. 음을 듣고, 악보에 적어보세요. 청 A1-3

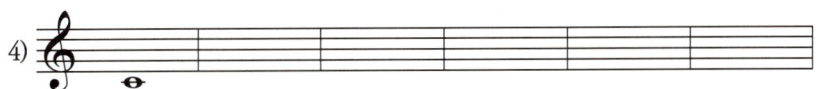

▶*check*

4. 음을 듣고, 높이가 다른 하나를 고르세요. 청 A1-4

1)   ①   ②   ③   ④

2)   ①   ②   ③   ④

음의 간격 (Interval) : 완전5도, 장3도

단2	단3	완전4	완전5	단6	단7	완전8
장2	장3	증4	감5	장6	장7	

음정 청음은 서로 다른 두음을 동시에, 그리고 따로 듣는 연습이 필요합니다. 각각의 음정이 주는 울림의 느낌을 기억하는 것이 좋습니다. 앞에서 알아본 **도, 미, 솔**로 만들 수 있는 **완전5도**와 **장3도**를 연습합니다.

1. 음정을 들은 후, 펼친 음을 따라 불러보세요.　시 청 B1-1

2. 주어진 음정을 들어보세요.　청 B1-2

3. 아래 음을 듣고, 주어진 음정이 되도록 위의 음을 불러보세요. 시 청 B1-3

완전5도   장3도   완전5도   장3도

장3도   완전5도   장3도   완전5도

▶*check*

4. 들리는 음정의 이름을 적고, 악보에 그려보세요. 청 B1-4

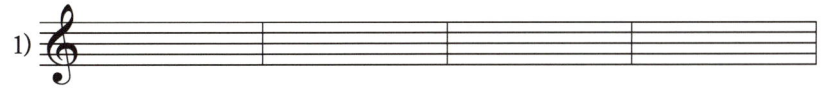

1)

2)

3)

▶*check*

5. 소리를 듣고, 음정이 다른 하나를 고르세요. 청 B1-5

1)   ①   ②   ③   ④

2)   ①   ②   ③   ④

3화음(Triad) : Major, Minor

가장 기본적인 코드인 **Major**(메이저)와 **Minor**(마이너) 코드를 연습합니다.
3음의 변화에 주의해보세요.

1. 코드를 들은 후, 펼친 화음을 불러보세요.

2. 주어진 화음을 들어보세요.

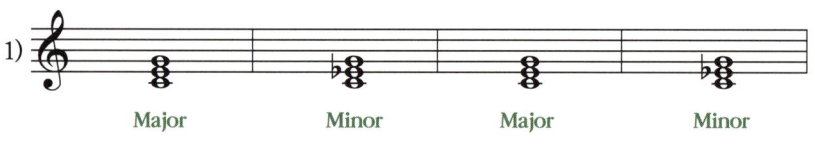

3. 근음을 듣고, 주어진 화음의 구성음을 각각 불러보세요.

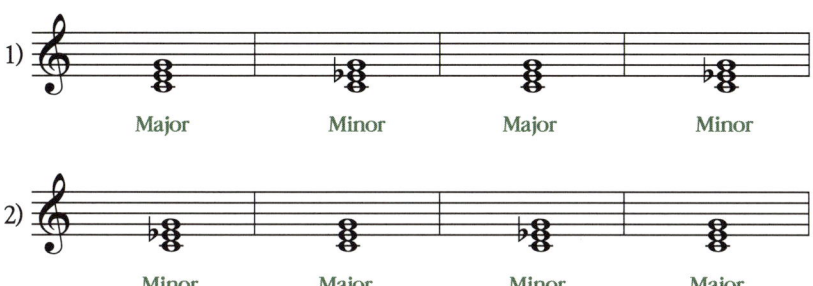

1)
Major   Minor   Major   Minor

2)
Minor   Major   Minor   Major

▶*check*

4. 들리는 코드의 이름과 구성음을 적어보세요.

1)

2)

3)

▶*check*

5. 소리를 듣고, 코드의 종류가 다른 하나를 고르세요.

1)   ①   ②   ③   ④

2)   ①   ②   ③   ④

음의 길이 : 온음표, 2분 음표

음표와 쉼표의 길이를 세어봅니다. 4박의 길이를 가진 **온음표와 쉼표**, 2박의 길이를 가진 **2분 음표와 쉼표**를 연습합니다. 특히 마지막 마디를 주의해보세요.

1. 악보의 리듬을 들으면서, 계이름 [솔]로 불러보세요.   시 청 D1-1

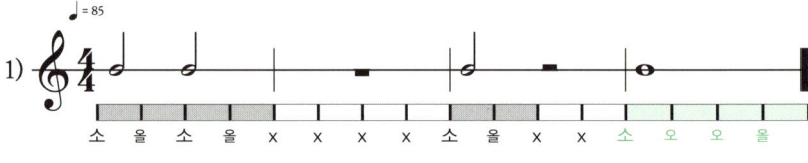

2. 첫 음을 듣고, 템포에 맞춰 악보를 불러보세요.   시 D1-2

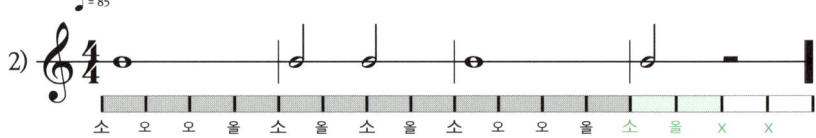

▶ *check*

3. 리듬을 듣고, 적어보세요.　　　　　청 D1-3

1)

2)

▶ *check*

4. 들려주는 음과 리듬을 적어보세요.　　　　　청 D1-4

1)

2)

3)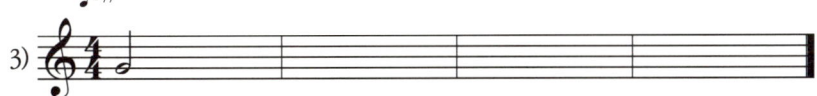

4)

5. 붙임줄에 유의하여 악보의 리듬을 들으면서, [솔]로 불러보세요. 시 청 D1-5

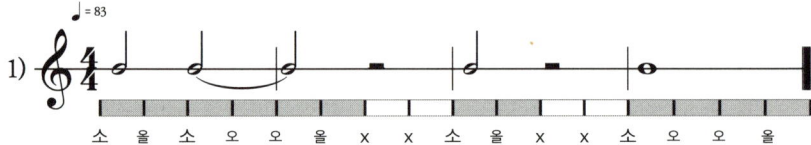

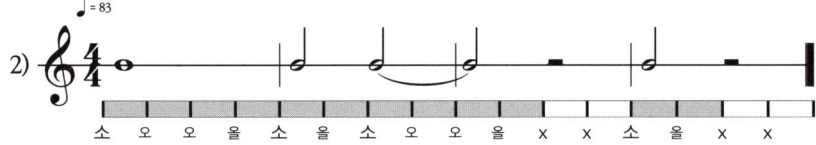

6. 첫 음을 듣고, 템포에 맞춰 악보를 불러보세요. 시 D1-6

▶*check*

7. 리듬을 듣고, 적어보세요.   청 D1-7

▶*check*

8. 들려주는 음과 리듬을 적어보세요.   청 D1-8

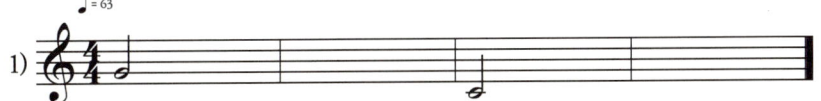

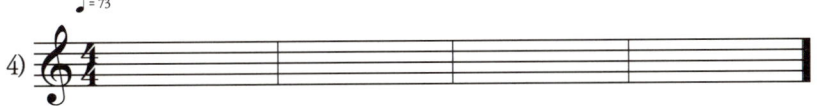

스케일(Scale) : 장음계, 자연단음계

장음계	도레미파솔라시도
자연단음계	라시도레미파솔라
화성단음계	라시도레미파솔라
가락단음계	라시도레미파#솔#라(상행)
	라솔파미레도시라(하행)

스케일은 옥타브 안에 일정하게 음이 배열된 것입니다. **장음계는 '도레미파솔라 시도'로, 자연단음계는 '라시도레미파솔라'로** 부르면 보다 쉽게 연습할 수 있습니다. 익숙해지면 '아'로 부릅니다.

1. 다음 Scale을 듣고, 따라 불러보세요.

시 청 E1-1

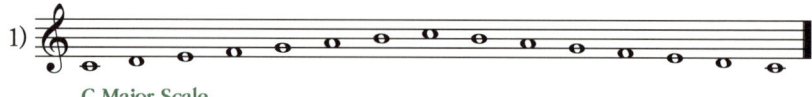

1) C Major Scale

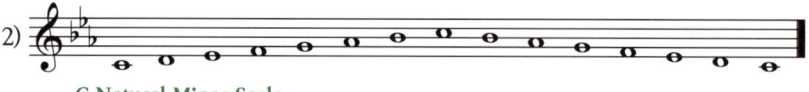

2) C Natural Minor Scale

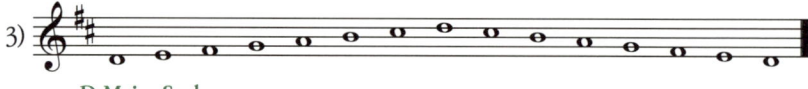

3) D Major Scale

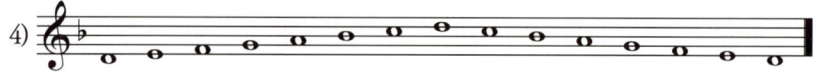

4) D Natural Minor Scale

2. 첫 음을 듣고, 다음 Scale을 불러보세요.

시 E1-2

1) ① Major Scale   ② Natural Minor Scale

2) ① Major Scale   ② Natural Minor Scale

▶*check*

3. Scale을 들은 후, 빈 곳에 음표를 넣고 이름을 적어보세요.

1)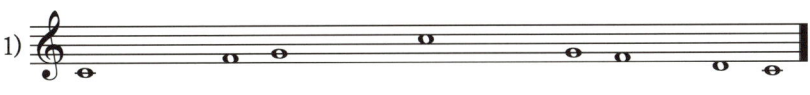

2)

3)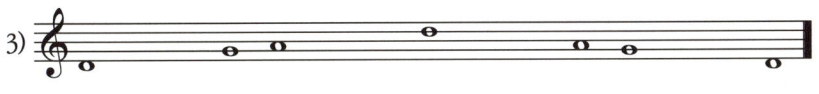

4)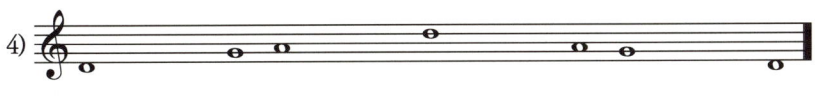

▶*check*

4. 소리를 듣고, Scale의 종류가 다른 하나를 고르세요.

1)　　①　　　②　　　③　　　④

2)　　①　　　②　　　③　　　④

2도		II°/IIm	II°/IIIm	IIm/IV		II°/VIm	
S.D		V7/IIm	V7/IIIm	V7/IV	V7/V	V7/VIm	
Diatonic	I	IIm	IIIm	IV	V	VIm	
Modal				IVm		VI	VII

코드 진행(Chord Progression) : I, IV, V

코드 진행 청음은 실용음악에서 꼭 필요한 능력입니다. 주요 3화음인 **1도, 4도, 5도**로 이루어진 **코드 진행**을 연습합니다.

1. 다음 코드 진행을 들어보세요.

청 F1-1

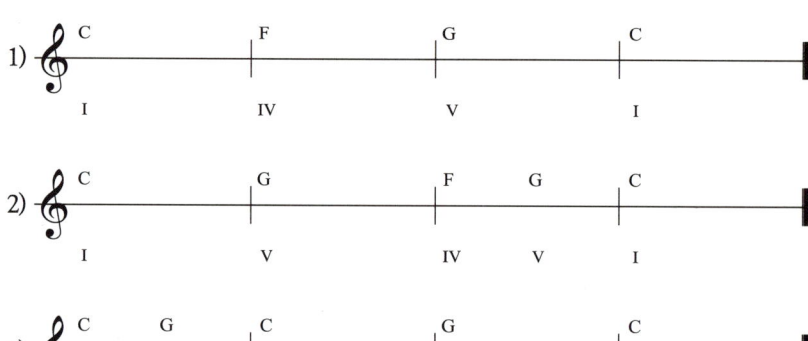

2. 들리는 코드 진행에 맞춰, 코드의 근음을 불러보세요.

시 청 F1-2

* 자신의 음역대에 따라 근음의 옥타브를 바꿔 연습해도 괜찮습니다.

▶*check*

3. 코드 진행을 듣고, 코드의 근음을 적어보세요.　　　　　청 F1-3

1)

2)

▶*check*

4. 코드 진행을 듣고, 코드와 도수를 적어보세요.　　　　　청 F1-4

1)

2)

▶*check*

5. 진행을 듣고, 2번째 마디에 나오는 코드의 도수를 고르세요　　　청 F1-5

1)　　① I　　② IV　　③ V

2)　　① I　　② IV　　③ V

악기(Instrument) : Intro, 용어 설명

1. Intro

실용음악에서 자주 사용하는 악기 소리와 주법을 이해하는 것도 중요한 청음 영역입니다. 특히 연주나 작곡을 공부할 때, 기존 곡을 카피(Copy) 해보기 위해서는 악기에 대한 청음 능력이 필요합니다. 하지만 기존 청음 훈련은 선율, 리듬, 화성 중심의 예제가 많아서 실제로 현장에서 꼭 필요한 악기 청음을 연습하는 것이 쉽지 않았습니다.

그래서 일산오빠의 실용음악 시창청음은 Chapter 별 마지막 Unit으로 악기에 관한 내용을 수록하였습니다. 실용음악에서 자주 사용하는 악기를 중심으로 음색과 주법을 정리하고, 예제 파일을 통해 실제 사운드를 듣는 연습을 합니다.

몇 가지 미리 말씀드리자면, 악기 연습에 나오는 내용들은 해당 악기의 비전공자 수준에 맞춰져 있습니다. 또한 사용하고 있는 용어들은 학문적으로 정리된 단어들이 아니라, 대중음악 종사자들이 실제 현장에서 작업할 때 자주 쓰는 용어들을 썼습니다. (뮤지션 별로 표현의 차이가 있을 수 있습니다.)

특별히 주법에 관한 용어들은 반복적으로 나오기 때문에, 먼저 교재에서 사용하는 개념을 정리해 보았습니다.

2. 주법 용어 안내 (뮤지션 별로 현장에서 사용하는 용어들이 다를 수 있습니다.)

1) 라인(Line)
: 주어진 화성 안에서 선율이 드러나도록 연주하는 것

2) 리듬(Rhythm)
: 주어진 화성을 리듬이 드러나도록, 특정한 비트로 연주하는 것

3) 아르페지오(Arpeggio)
: 주어진 화성을 펼쳐서, 특정한 비트로 연주하는 것

4) 패턴(Pattern)
: 화성의 변화에도 불구하고, 일정한 패턴으로 연주하는 것

5) 패드(Pad)
: 리듬이 드러나지 않도록, 화성 위주로 연주하는 것

6) 뮤트(Mute)
: 현의 울림을 손으로 제어하여, 소리를 줄여서 연주하는 것

7) 핑거링(Fingering)
: 손가락을 사용하여 연주하는 것

악기(Instrument) : 피아노(Piano)

I. 음색 (Voice)

피아노의 음색은 어쿠스틱(Acoustic Piano) 피아노와 일렉트릭(Electric Piano) 피아노로 나눌 수 있습니다. 일렉트릭 피아노는 다양한 소리들이 있지만 크게 어두운 EP와 밝은 EP로 나눕니다. 소리의 변화가 있는 로즈(Rhodes Piano)도 있습니다.

음색에 따른 구분	특징
어쿠스틱 피아노(Acoustic Piano)	전기적 장치가 없음
일렉트릭 피아노(Electric Piano)	밝은 EP, 어두운 EP 로즈(Rhodes Piano) : 소리의 변화가 있음

1. 다음 EP 소리를 음색에 주의해서 들어보세요. 청 G1-1

1) 어쿠스틱 피아노   2) 어두운 EP   3) 밝은 EP   4) 로즈

▶*check*

2. 보기를 듣고, 어쿠스틱 피아노를 고르세요. 청 G1-2

①   ②   ③   ④

3. 보기를 듣고, 로즈 피아노를 고르세요. 청 G1-3

①   ②   ③   ④

II. 주법 (Playing Styles)

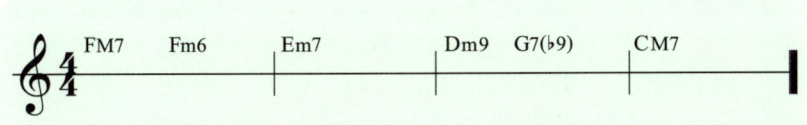

4. 다음 피아노 주법을 들어보세요.   청 G1-4

1) 리듬(Rhythm)   2) 아르페지오(Arpeggio)   3) 패턴(Pattern)   4) 라인(Line)

5. 리듬(Rhythm) 연주를 비트의 변화에 주의해서 들어보세요.   청 G1-5

1) 4 Beat   2) 8 Beat   3) 16 Beat

6. 아르페지오(Arpeggio) 연주를 비트의 변화에 주의해서 들어보세요.   청 G1-6

1) 8 Beat   2) 16 Beat

7. 음역에 주의해서 다음 피아노 소리를 들어보세요   청 G1-7

1) 중음역   2) 고음역

▶*check*

8. 보기를 듣고, 아르페지오(Arpeggio) 연주를 고르세요.   청 G1-8

①   ②   ③   ④

9. 보기를 듣고, 리듬(Rhythm) 8 Beat 연주를 고르세요.   청 G1-9

①   ②   ③   ④

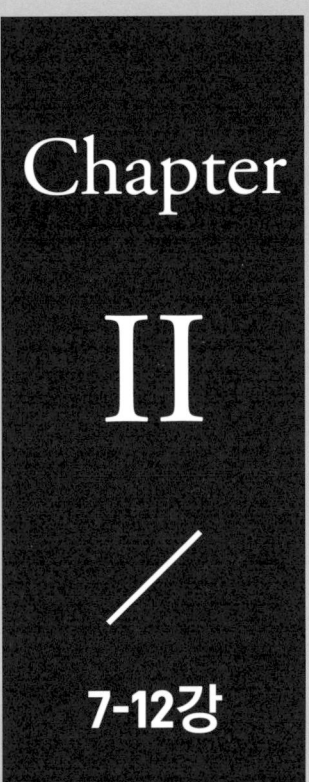

Chapter

II

/

7-12강

음의 높이 : 도, 파, 라

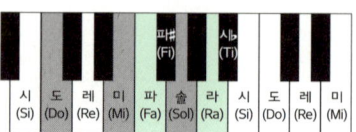

주요 3화음 중, 버금딸림화음(4도)의 구성음인 **도, 파, 라**를 연습합니다.

1. 음을 듣고 악보를 보면서, 따라 불러보세요.   시 청 A2-1

1)

2)

3)

4)

2. 악보의 음을 정확하게 불러보세요.   시 A2-2

1)

2)

▶*check*

3. 음을 듣고, 악보에 적어보세요. 청 A2-3

1)

2)

3)

4)

▶*check*

4. 음을 듣고, 높이가 다른 하나를 고르세요. 청 A2-4

1)　　①　　②　　③　　④

2)　　①　　②　　③　　④

음의 간격 (Interval) : 완전4도, 장6도

단2	단3	완전4	완전5	단6	단7	완전8
장2	장3	증4	감5	장6	장7	

A2에서 알아본 **도, 파, 라**로 만들 수 있는 **완전4도**와 **장6도**를 연습합니다.

1. 음정을 들은 후, 펼친 음을 따라 불러보세요. 시 청 B2-1

완전4도   장6도

장6도   완전4도

2. 주어진 음정을 들어보세요. 청 B2-2

완전4도   장6도   완전4도   장6도

장6도   완전4도   장6도   완전4도

장6도   완전4도   완전4도   장6도

3. 아래 음을 듣고, 주어진 음정이 되도록 위의 음을 불러보세요. 시 청 B2-3

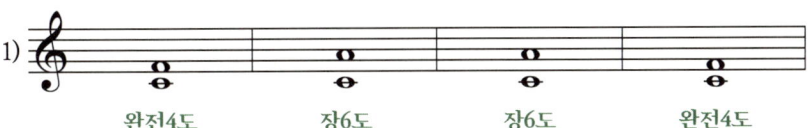

1)　　　　완전4도　　　　　장6도　　　　　장6도　　　　　완전4도

2)　　　　장6도　　　　　완전4도　　　　　장6도　　　　　완전4도

▶check

4. 들리는 음정의 이름을 적고, 악보에 그려보세요. 청 B2-4

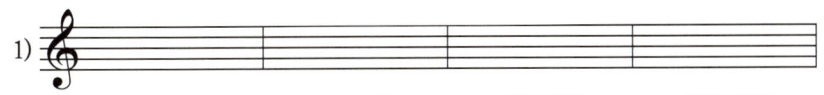

1)

2)

3)

▶check

5. 소리를 듣고, 음정이 다른 하나를 고르세요. 청 B2-5

1)　　①　　　②　　　③　　　④

2)　　①　　　②　　　③　　　④

3화음(Triad) : Augmented

메이저 코드에서 5음이 반음 올라간 Augmented(어그먼티드) 코드를 연습합니다. 5음에 주의해보세요.

1. 코드를 들은 후, 펼친 화음을 불러보세요. 시 청

2. 주어진 화음을 들어보세요. 청 C2-2

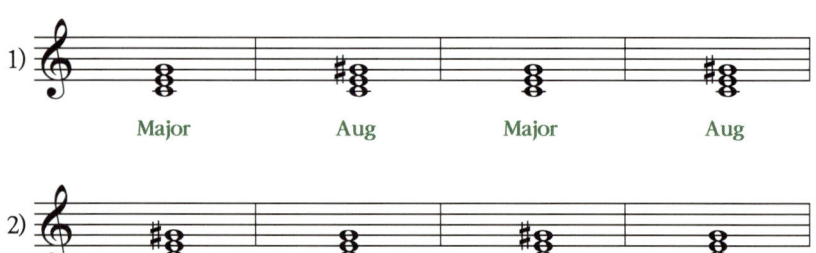

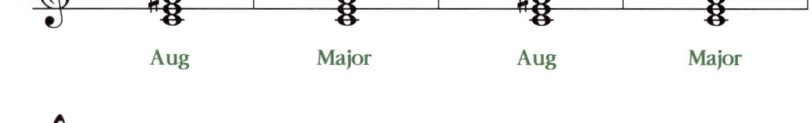

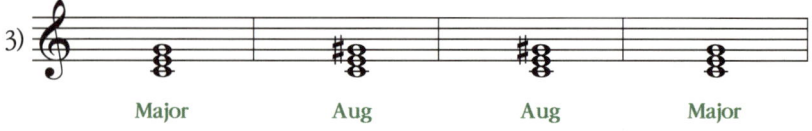

3. 근음을 듣고, 주어진 화음의 구성음을 각각 불러보세요.　시 청 C2-3

1) Aug　　Major　　Major　　Aug

2) Major　　Aug　　Major　　Aug

▶check

4. 들리는 코드의 이름과 구성음을 적어보세요.　청 C2-4

▶check

5. 소리를 듣고, 코드의 종류가 다른 하나를 고르세요.　청 C2-5

1)　①　②　③　④

2)　①　②　③　④

음의 길이 : 4분 음표

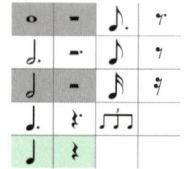

4분 음표와 쉼표를 추가하여 리듬을 연습합니다. 4분 음표는 많은 노래에서 사용되는 4박자 계열(2/4, 3/4, 4/4)의 기준이 되는 음표입니다.

1. 악보의 리듬을 들으면서, 계이름 [솔]로 불러보세요.

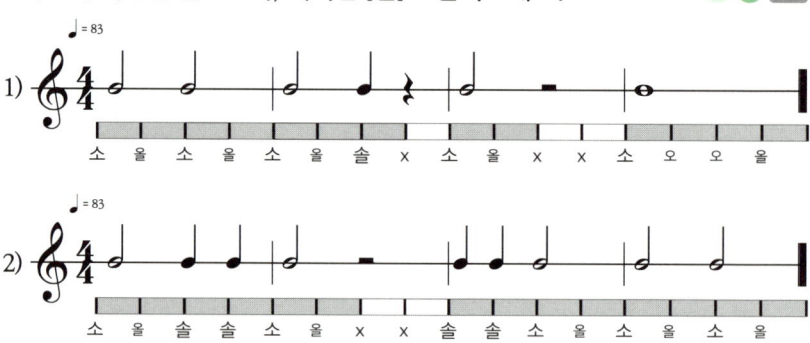

2. 첫 음을 듣고, 템포에 맞춰 악보를 불러보세요.

▶*check*

3. 리듬을 듣고, 적어보세요. 청 D2-3

1)

2)

▶*check*

4. 들려주는 음과 리듬을 적어보세요. 청 D2-4

1)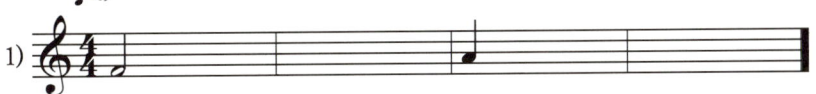

2)

3)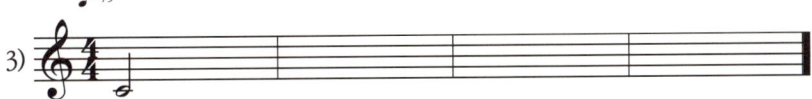

4)

5. 붙임줄에 유의하여 악보의 리듬을 들으면서, [솔]로 불러보세요. 시 청 D2-5

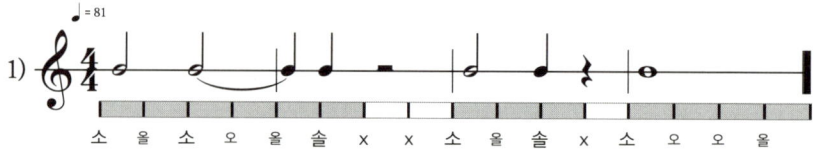

소 올 소 오 올 솔 x x 소 올 솔 x 소 오 오 올

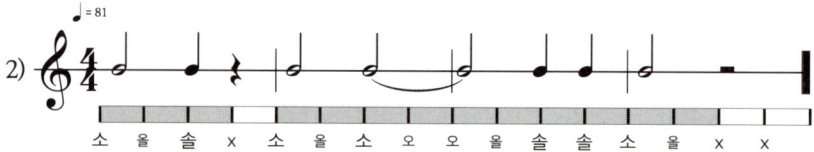

소 올 솔 x 소 올 소 오 오 올 솔 솔 소 올 x x

6. 첫 음을 듣고, 템포에 맞춰 악보를 불러보세요. 시 D2-6

▶ *check*

7. 리듬을 듣고, 적어보세요. 청 D2-7

▶ *check*

8. 들려주는 음과 리듬을 적어보세요. 청 D2-8

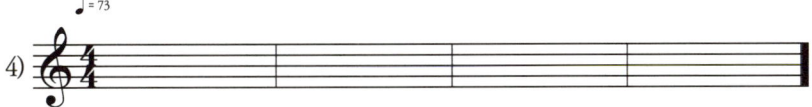

스케일(Scale) : 화성단음계

장음계	도레미파솔라시도
자연단음계	라시도레미파솔라
화성단음계	라시도레미파솔라
가락단음계	라시도레미파#솔라(상행)
	라솔파미레도시라(하행)

화성단음계는 자연단음계에서 7음을 반음 올린 스케일입니다. 그래서 부를 때 '라시도레미파솔라'로 부르면 보다 쉽게 연습할 수 있습니다. 익숙해지면 '아'로 부릅니다.

* 솔#을 [쉘]로 부릅니다.

1. 다음 Scale을 듣고, 따라 불러보세요. 시 청

1) C Harmonic Minor Scale

2) C Natural Minor Scale

3) D Harmonic Minor Scale

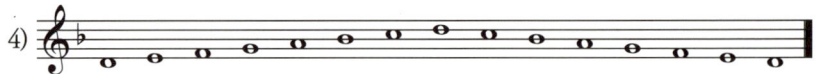

4) D Natural Minor Scale

2. 첫 음을 듣고, 다음 Scale을 불러보세요. 시

1) ① Natural Minor Scale ② Harmonic Minor Scale

2) ① Natural Minor Scale ② Harmonic Minor Scale

▶*check*

3. Scale을 들은 후, 빈 곳에 음표를 넣고 이름을 적어보세요.

1)

2)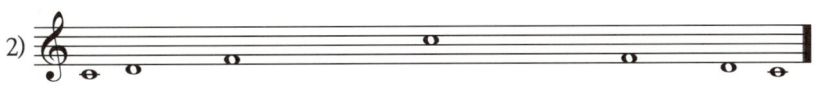

3)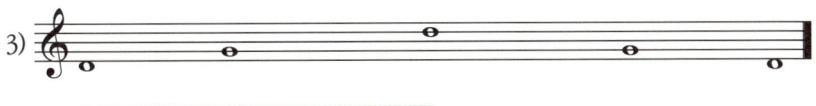

4)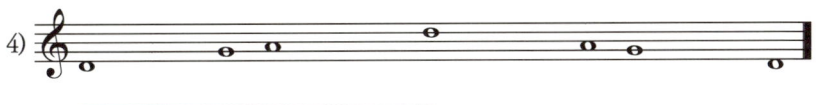

▶*check*

4. 소리를 듣고, Scale의 종류가 다른 하나를 고르세요.

1) ① ② ③ ④

2) ① ② ③ ④

코드진행(Chord Progression) : IIm

2도 화음을 추가하여 진행을 연습합니다. **2도 화음**의 추가로 대중음악에서 많이 사용하는 **2-5-1** 진행이 만들어집니다. **2-5-1** 진행에 주의해보세요.

1. 다음 코드 진행을 들어보세요. 청 F2-1

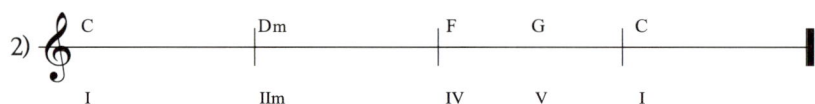

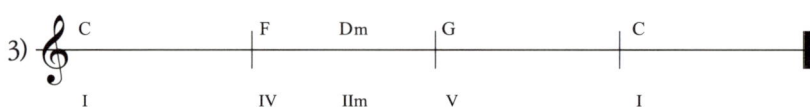

2. 들리는 코드 진행에 맞춰, 코드의 근음을 불러보세요. 시 청 F2-2

* 자신의 음역대에 따라 근음의 옥타브를 바꿔 연습해도 괜찮습니다.

▶*check*

3. 코드 진행을 듣고, 코드의 근음을 적어보세요.   청

1)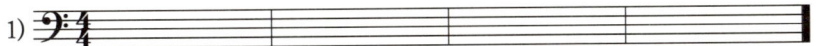

2)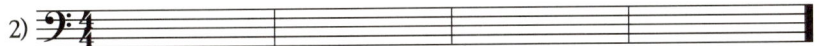

▶*check*

4. 코드 진행을 듣고, 코드와 도수를 적어보세요.   청

1)

2)

▶*check*

5. 진행을 듣고, IIm가 들어간 마디를 고르세요.   청

1)   ① 1마디   ② 2마디   ③ 3마디   ④ 4마디

2)   ① 1마디   ② 2마디   ③ 3마디   ④ 4마디

 **unit G2** 악기(Instrument) : 드럼(Drum)

I. 음색 (Voice)

드럼은 리듬을 담당하는 악기입니다. 통과 심벌(Cymbal)로 구성되는데, 모두 지름이 크면 낮은 소리, 지름이 작으면 높은 소리를 냅니다

심벌(Cymbal)

탐(Tom)

하이햇(Hi Hat)

스네어(Snare)

킥(Bass Drum)

통은 페달을 발로 밟아서 소리를 내는 킥(BassDrum), 스네피(Snappy)를 달아서 통과 스네피(Snappy)가 떨리는 소리를 내는 스네어(Snare), 크기 별로 다양한 소리를 내는 탐(Tom)이 있습니다.

드럼통의 구분	특징
킥(BassDrum)	발로 페달을 밟아 묵직한 '뚝 -' 소리를 냄
스네어(Snare)	스네피(쇠울림줄)로 통과 떨리는 '탁 -' 소리를 냄
탐(Tom)	크기별로 다양한 '뚜웅 -' 소리를 냄

* 뚝, 탁, 뚜웅은 이해를 돕기 위한 저자의 개인적인 표현입니다.

1. 다음 드럼 통 소리를 들어보세요.

청

1) 킥(BassDrum) - '뚝'   2) 스네어(Snare) - '탁'   3) 탐(Tom) - '뚜웅'

심벌(Cymbal)은 두 개의 심벌을 포개, 페달을 밟아 다양한 연주를 할 수 있는 하이햇(Hi Hat), 심벌 중에서 가장 큰 라이드(Ride) 심벌, 가장 평범하게 상상할 수 있는 소리를 내는 크래쉬(Crash) 심벌로 나눌 수 있습니다.

드럼 심벌의 구분	특 징
하이햇(Hi Hat)	두 개의 심벌을 포개, 페달을 밟아 다양한 연주를 할 수 있음. '칫 -' 소리를 냄
라이드(Ride) 심벌	가장 큰 심벌, 울리는 소리가 큼. '띠잉 -' 소리를 냄
크래쉬(Crash) 심벌	일반적인 심벌, '차앙 -' 소리를 냄

* 칫, 띠잉, 차앙은 이해를 돕기 위한 저자의 개인적인 표현입니다.

2. 다음 심벌(Cymbal) 소리를 들어보세요.

1) 하이햇(Hi Hat) - '칫'   2) 라이드(Ride) - '띠잉'   3) 크래쉬(Crash)) - '차앙'

통이나 심벌(Cymbal)은 타격하는 위치에 따라 다른 소리가 납니다. 이것을 이용해 다양한 표현을 할 수 있습니다.

3. 다음 스네어(Snare) 소리를 들어보세요. 청 G2-3

1) Snare   2) Closed Rimshot   3) Open Rimshot

* Snare : 스네어의 중심을 타격 / * CLosed Rimshot : 가장자리를 타격 / * Open Rimshot : 중심과 가장자리를 동시에 타격

하이햇(Hi Hat) 연주는 두 개의 심벌을 닫고 타격하는 소리인 'Closed', 열고 타격하는 'Open', 연결된 페달을 밟는 'Foot'으로 나눌 수 있습니다.

4. 다음 하이햇(Hi Hat) 소리를 들어보세요. 청 G2-4

1) Closed   2) Open   3) Foot

라이드(Ride) 연주는 심벌(Cymbal)의 윗부분을 타격하는 '라이드(Ride)', 가장 중심에 튀어 올라온 부분을 타격하는 '컵(Cup)', 끝부분을 타격하는 '엣지(Edge)'로 나눌 수 있습니다.

5. 다음 라이드(Ride) 소리를 들어보세요   청 G2-5

1) Ride   2) Cup   3) Edge

탐(Tom)은 기본 리듬이 아닌 필인(Fill in) 부분에 주로 사용합니다. 필인(Fill in)은 보통 탐(Tom)으로 하지만, 스네어(Snare)와 하이햇(Hi Hat)을 이용하기도 합니다.

6. 다음 필인(Fill in) 소리를 들어보세요.   청 G2-6

1) 탐(Tom) 중심   2) 스네어(Snare) 중심   3) 하이햇(Hi Hat) 중심

▶*check*

7. 보기를 듣고, 킥(Bass Drum)을 고르세요.   청 G2-7

①   ②   ③   ④

8. 보기를 듣고, 크래쉬(Crash)를 고르세요.   청 G2-8

①   ②   ③   ④

9. 보기를 듣고, 하이햇(Hi Hat) - Foot을 고르세요.   청 G2-9

①   ②   ③   ④

10. 보기를 듣고, 스네어(Snare) - Closed Rimshot을 고르세요.   청 G2-10

①   ②   ③   ④

II. 주법 (Playing Styles)

드럼은 특정한 규칙으로 타격하는 것에 따라 다양한 주법이 가능합니다. 4박자를 기준으로 킥(Bass Drum)은 1과 3박에, 스네어(Snare)는 2와 4박에, 하이햇(Hi Hat)은 비트(Beat) 수에 따라 연주합니다. (연주자에 따라 추가하거나 생략할 수도 있습니다.)

11. 다음 드럼 주법을 들어보세요. 청 G2-11

1) 킥(Bass Drum)　　　　2) 킥(Bass Drum) + 스네어(Snare)

3) 킥(Bass Drum) + 스네어(Snare) + 하이햇(Hi Hat)/8 Beat

12. 다음 드럼 연주를 하이햇(Hi Hat)에 주의해서 들어보세요. 청 G2-12

1) 4 Beat　　2) 8 Beat　　3) 16 Beat

▶ *check*

13. 소리를 듣고, 킥(Bass Drum)의 리듬을 고르세요. 청 G2-13

① ② ③ ④

14. 소리를 듣고, 스네어(Snare)의 리듬을 고르세요. 청 G2-14

① ② ③ ④

15. 소리를 듣고, 하이햇(Hi Hat)의 비트를 고르세요. 청 G2-15

① ② ③ ④

Chapter

III

/

13-18강

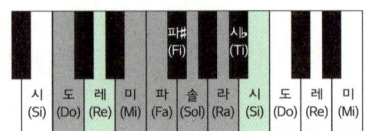

1옥타브 범위에서 아직 다루지 않았던 **레**와 **시**를 연습합니다.

1. 음을 듣고 악보를 보면서, 따라 불러보세요.

2. 악보의 음을 정확하게 불러보세요. 시 A3-2

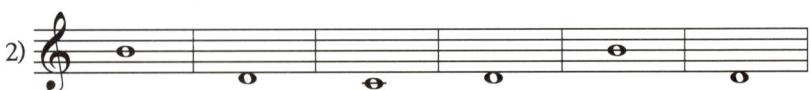

▶*check*

3. 음을 듣고, 악보에 적어보세요.   청 A3-3

1)

2)

3)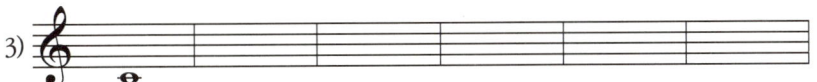

4)

▶*check*

4. 음을 듣고, 높이가 다른 하나를 고르세요.   청 A3-4

1)   ①   ②   ③   ④

2)   ①   ②   ③   ④

음정(Interval) : 장2도, 장7도

A3에서 알아본 **도, 레, 시**로 만들 수 있는 **장2도**와 **장7도**를 연습합니다.

1. 음정을 들은 후, 펼친 음을 따라 불러보세요.

2. 주어진 음정을 들어보세요.

3. 아래 음을 듣고, 주어진 음정이 되도록 위의 음을 불러보세요. 시 청 B3-3

1)
　　장2도　　　　장7도　　　　장7도　　　　장2도

2)
　　장7도　　　　장2도　　　　장2도　　　　장7도

▶*check*

4. 들리는 음정의 이름을 적고, 악보에 그려보세요. 청 B3-4

1)

2)

3)

▶*check*

5. 소리를 듣고, 음정이 다른 하나를 고르세요. 청 B3-5

1)　　①　　　②　　　③　　　④

2)　　①　　　②　　　③　　　④

unit C3 3화음(Triad) : Diminished

마이너 코드에서 5음이 반음 내려간 **Diminished(디미니시드) 코드**를 연습합니다. 5음에 주의해보세요.

1. 코드를 들은 후, 펼친 화음을 불러보세요.

2. 주어진 화음을 들어보세요.

3. 근음을 듣고, 주어진 화음의 구성음을 각각 불러보세요. 시 청 C3-3

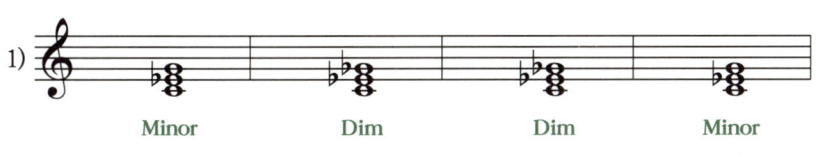

1)

Minor   Dim   Dim   Minor

2)

Dim   Minor   Dim   Minor

▶*check*

4. 들리는 코드의 이름과 구성음을 적어보세요. 청 C3-4

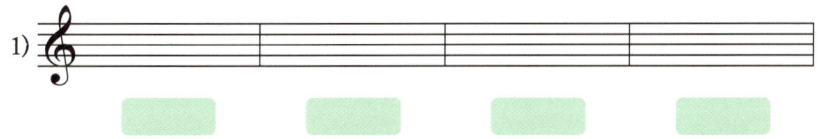

1)

2)

3)

▶*check*

5. 소리를 듣고, 코드의 종류가 다른 하나를 고르세요. 청 C3-5

1)   ①   ②   ③   ④

2)   ①   ②   ③   ④

음의 길이 : 점2분 음표

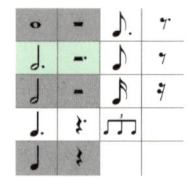

3박의 길이인 **점2분 음표**와 **쉼표**를 추가하여 리듬을 연습합니다. 음표 뒤에 점이 붙으면 길이가 해당 음표의 1/2만큼 늘어나게 됩니다.

1. 악보의 리듬을 들으면서, 계이름 [솔]로 불러보세요. 시 청 D3-1

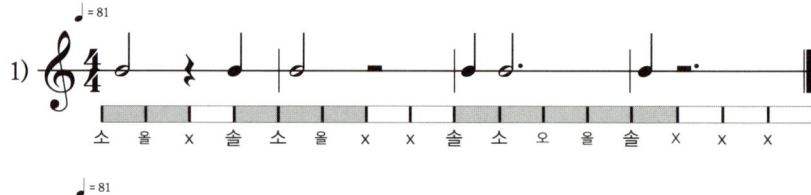

2. 첫 음을 듣고, 템포에 맞춰 악보를 불러보세요. 시 D3-2

▶ *check*

3. 리듬을 듣고, 적어보세요.　　　청 D3-3

▶ *check*

4. 들려주는 음과 리듬을 적어보세요.　　　청 D3-4

5. 붙임줄에 유의하여 악보의 리듬을 들으면서, [솔]로 불러보세요. 시 청 D3-5

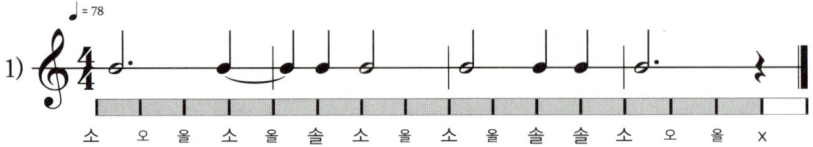

1)

소 오 올 소 올 솔 소 오 소 오 올 솔 소 오 올 x

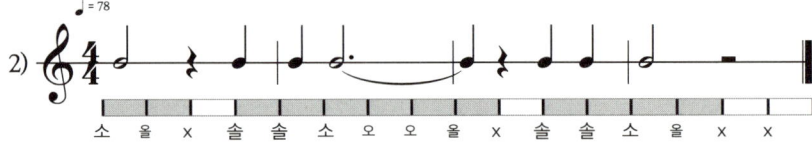

2)

소 올 x 솔 솔 소 오 오 올 x 솔 솔 소 올 x x

6. 첫 음을 듣고, 템포에 맞춰 악보를 불러보세요. 시 D3-6

1)

2)

3)

4)

▶*check*

7. 리듬을 듣고, 적어보세요.　　　　　청 D3-7

▶*check*

8. 들려주는 음과 리듬을 적어보세요.　　　　　청 D3-8

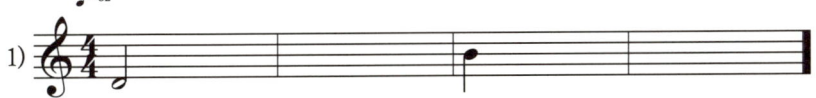

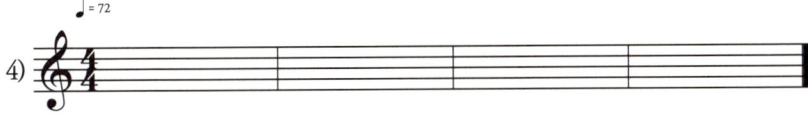

스케일(Scale) : 가락단음계

장음계	도레미파솔라시도
자연단음계	라시도레미파솔라
화성단음계	라시도레미파솔#라
가락단음계	라시도레미파#솔#라(상행)
	라솔파미레도시라(하행)

가락단음계는 상행 시 자연단음계의 6, 7음을 반음 올렸다가, 하행 시 6, 7음을 다시 반음 내려주는 스케일입니다. **상행**은 '**라시도레미파#솔#라**'로, **하행**은 '**라솔파미레도시라**'로 연습하면 좋습니다. 익숙해지면 '아'로 부릅니다.   * 파#을 [피]로 부릅니다.

1. 다음 Scale을 듣고, 따라 불러보세요.   시 청 E3-1

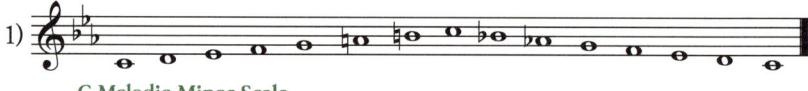

1) C Melodic Minor Scale

2) C Harmonic Minor Scale

3) D Melodic Minor Scale

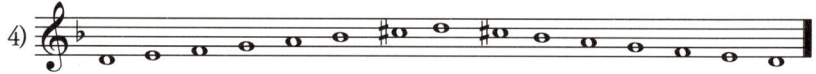

4) D Harmonic Minor Scale

2. 첫 음을 듣고, 다음 Scale을 불러보세요.   시 E3-2

1)   ① Harmonic Minor Scale   ② Melodic Minor Scale

2)   ① Harmonic Minor Scale   ② Melodic Minor Scale

▶*check*

3. Scale을 들은 후, 빈 곳에 음표를 넣고 이름을 적어보세요.

1)

2)
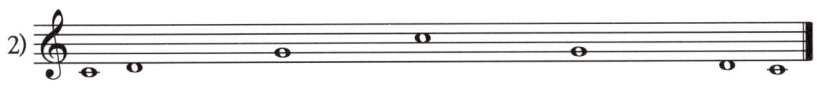

3)

4)
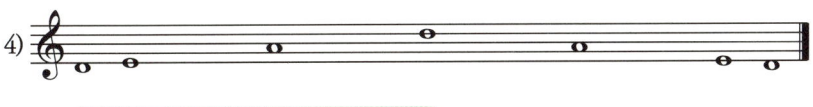

▶*check*

4. 소리를 듣고, Scale의 종류가 다른 하나를 고르세요.

1)   ①   ②   ③   ④

2)   ①   ②   ③   ④

코드진행(Chord Progression) : VIm

6도 화음을 추가하여 진행을 연습합니다. 6도 화음으로 1-6-2-5-1 진행이 만들어집니다. 1-6-2-5-1 진행에 주의해보세요.

1. 다음 코드 진행을 들어보세요.

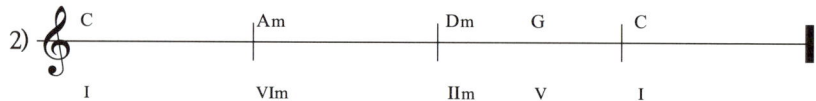

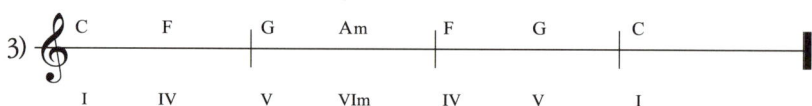

2. 들리는 코드 진행에 맞춰, 코드의 근음을 불러보세요.

* 자신의 음역대에 따라 근음의 옥타브를 바꿔 연습해도 괜찮습니다.

▶ *check*

3. 코드 진행을 듣고, 코드의 근음을 적어보세요. 청 F3-3

1)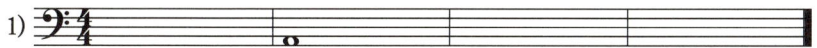

2)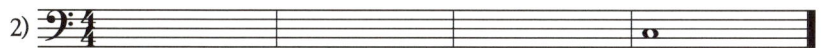

▶ *check*

4. 코드 진행을 듣고, 코드와 도수를 적어보세요. 청 F3-4

1)

2)

▶ *check*

5. 진행을 듣고, VIm가 들어간 마디를 고르세요. 청 F3-5

1)　　① 1마디　　② 2마디　　③ 3마디　　④ 4마디

2)　　① 1마디　　② 2마디　　③ 3마디　　④ 4마디

악기(Instrument) : 베이스(Bass)

I. 음색 (Voice)

베이스는 가장 낮은 음역에서 보통 드럼의 킥에 맞춰 연주하는(킥&베이스) 악기입니다. 베이스는 재즈를 연주할 때 자주 사용하는 어쿠스틱 베이스(콘트라베이스)와 밴드 연주에서 주로 사용하는 일렉트릭 베이스로 나눌 수 있습니다.

베이스(Bass)	특징
콘트라베이스(Contrabass)	전기 장치 없음. 재즈 연주와 오케스트라에 자주 사용
일렉트릭 베이스(Electric Bass)	밴드 연주에서 주로 사용

1. 다음 베이스 소리를 들어보세요. 청 G3-1

1) 어쿠스틱 베이스   2) 일렉트릭 베이스

2. 다음 어쿠스틱 베이스 소리를 들어보세요. 청 G3-2

1) 핑거링(Fingering)   2) 활

▶*check*

3. 보기를 듣고, 일렉트릭 베이스(Electric Bass)를 고르세요. 청 G3-3
①   ②   ③   ④

4. 보기를 듣고, 어쿠스틱 베이스(콘트라베이스)를 고르세요. 청 G3-4
①   ②   ③   ④

5. 보기를 듣고, 어쿠스틱 베이스 - 핑거링(Fingering)을 고르세요. 청 G3-5
①   ②   ③   ④

II. 주법 (Playing Styles)

베이스는 주로 낮은 음역에서 코드의 근음(Root)을 연주합니다. 하지만 상황에 따라 코드의 다른 구성음이나, 스케일(Scale)을 사용하여 화려한 연주를 하기도 합니다.

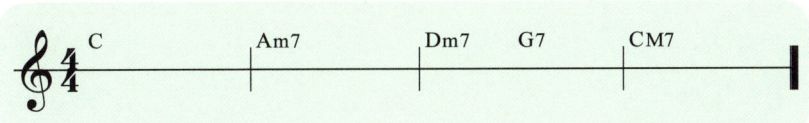

6. 다음 베이스 연주를 들어보세요. 청 G3-6

1) 킥&베이스 - 근음(Root)   2) 킥&베이스 - 근음(Root) - 5음   3) 라인(Line)
4) 리듬(Rhythm)   5) 패턴(Pattern)   6) 슬랩(Slap)   7) 워킹(Walking)

* 슬랩(Slap) : 줄을 뜯으면서 연주 / * 워킹(Walking) : 코드와 코드를 선율로 이어 주면서 연주

7. 리듬(Rhythm) 연주를 비트의 변화에 주의해서 들어보세요. 청 G3-7

1) 4 Beat   2) 8 Beat   3) 16 Beat

8. 다음 리듬(Rhythm) 연주를 들어보세요. 청 G3-8

1) 8 Beat   2) 8 Beat - 뮤트(Mute)

▶*check*

9. 보기를 듣고, 워킹(Walking) 연주를 고르세요. 청 G3-9
①   ②   ③   ④

10. 보기를 듣고 리듬(8 Beat) - 뮤트(Mute) 연주를 고르세요. 청 G3-10
①   ②   ③   ④

11. 보기를 듣고, 일렉트릭 베이스 슬랩(Slap)을 고르세요. 청 G3-11
①   ②   ③   ④

종합
문제

1

1-3
Chapter

 **종합문제 1**

1. 음을 듣고, 악보에 적어보세요.   종 1-1

1)

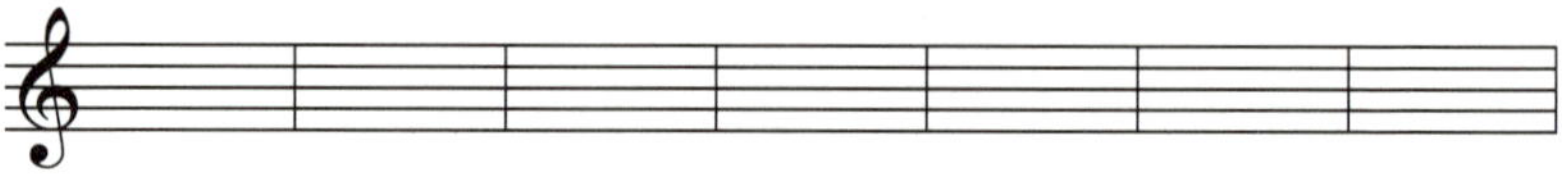

2)

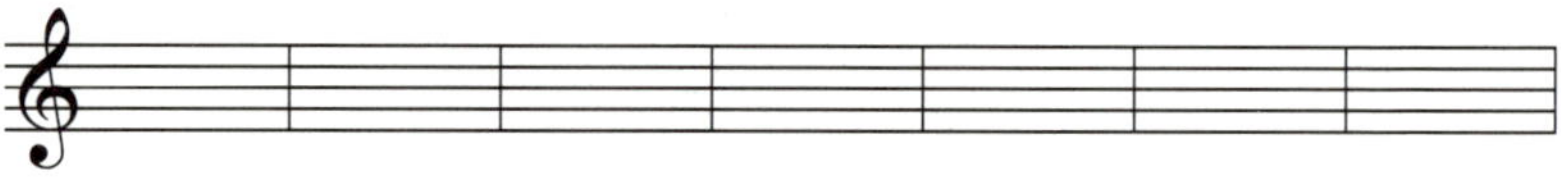

2. 들리는 음정의 이름을 적고, 악보에 그려보세요.   종 1-2

1)

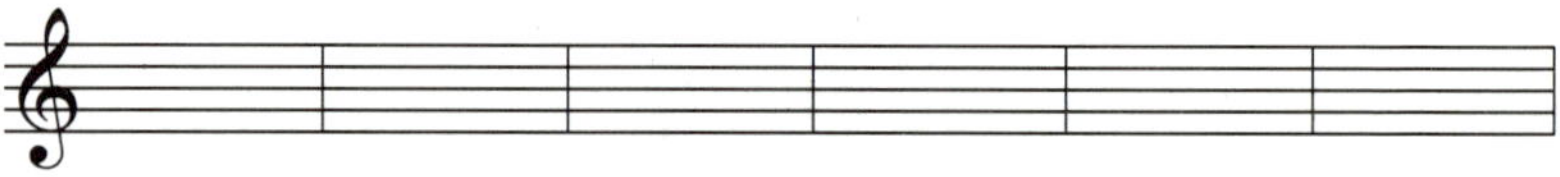

2)

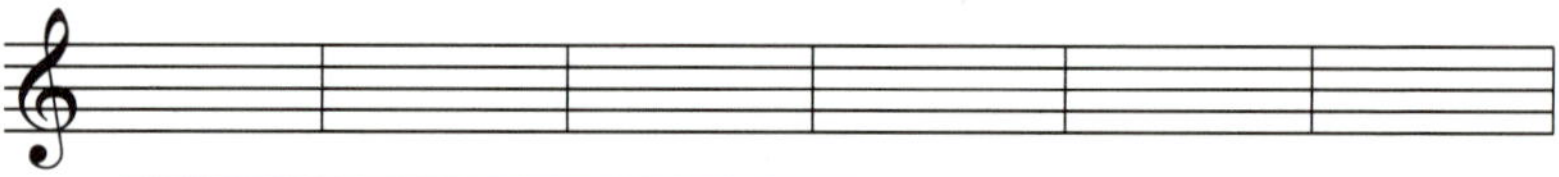

3. 들리는 코드의 이름과 구성음을 적어보세요.   종 1-3

1)

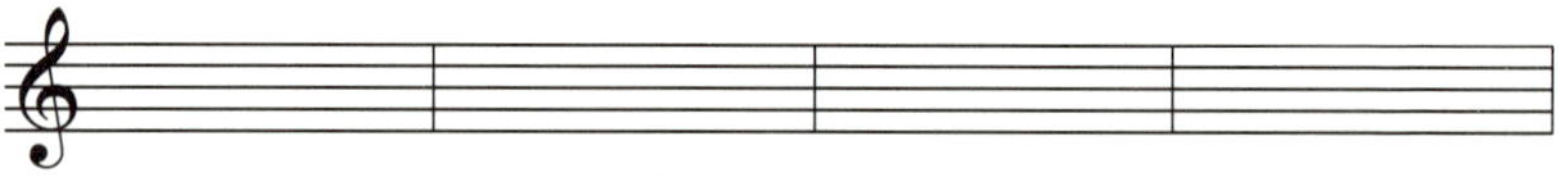

2)

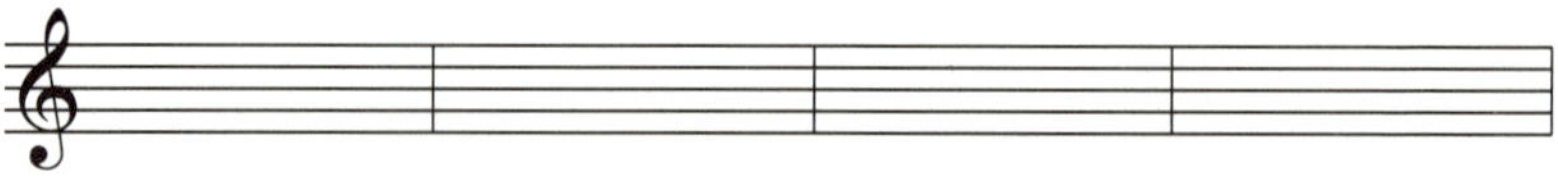

4. 다음 중, 가장 낮은 음을 고르세요. 종 1-4

① ② ③ ④

5. 다음 중, 완전5도를 고르세요. 종 1-5

① ② ③ ④

6. 다음 중, 마이너 코드를 고르세요. 종 1-6

① ② ③ ④

7. 리듬을 듣고 적어보세요. 종 1-7

8. 첫 음을 듣고, 템포에 맞춰 악보를 불러보세요.

종 1-8

1)
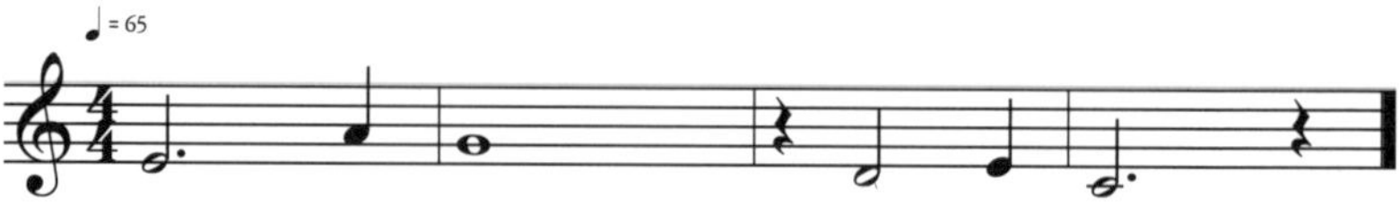

2)
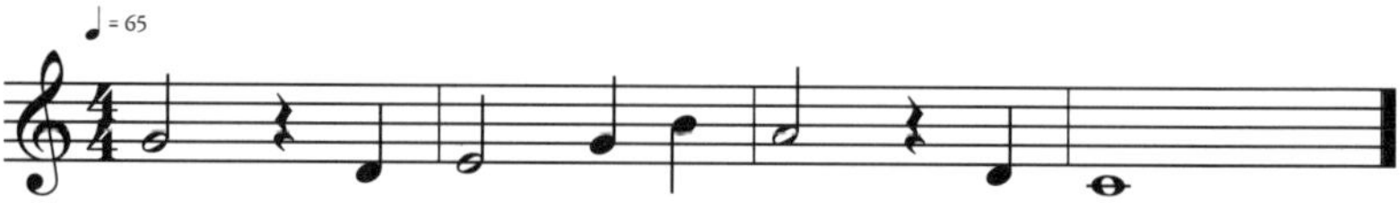

3)
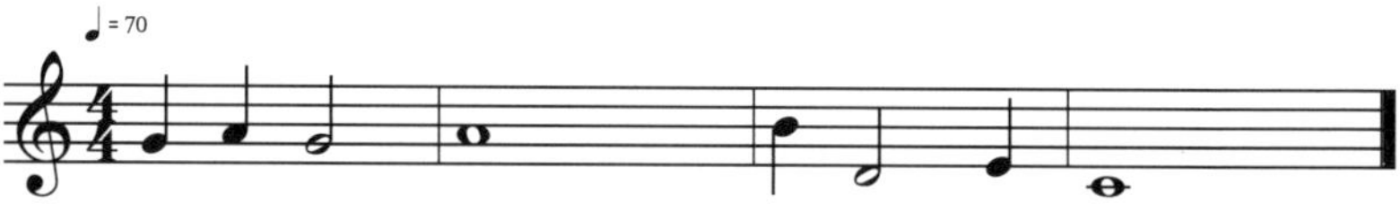

4)
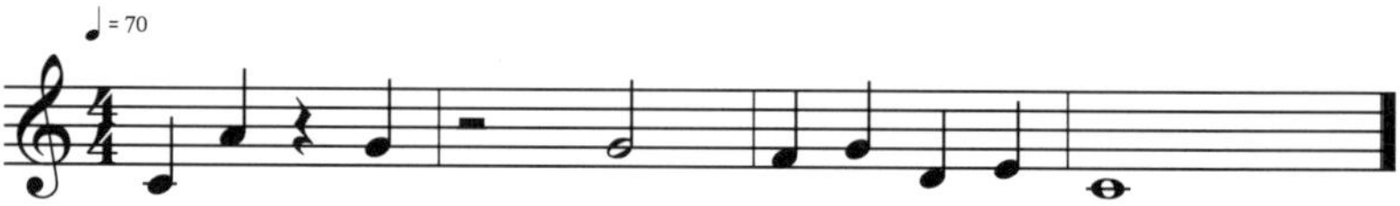

5)
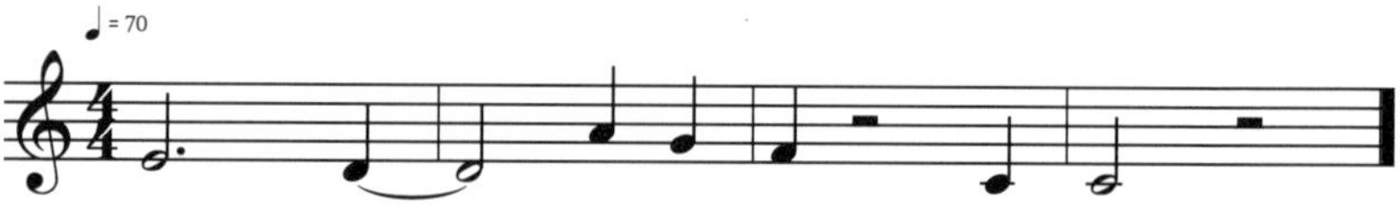

6)
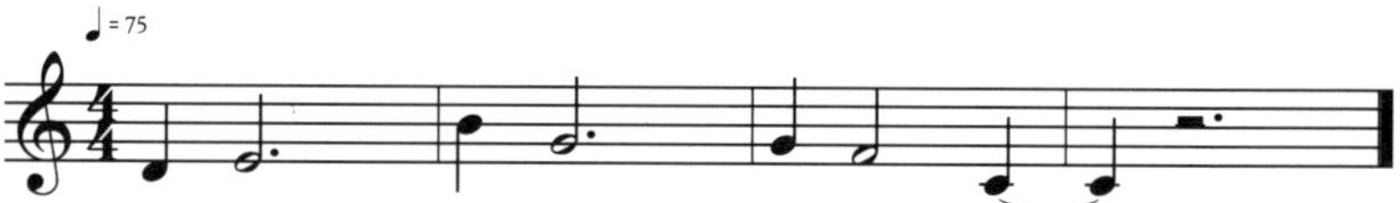

7)
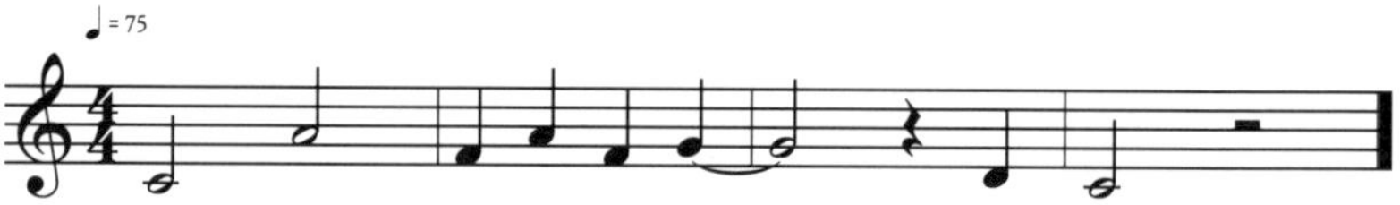

8)
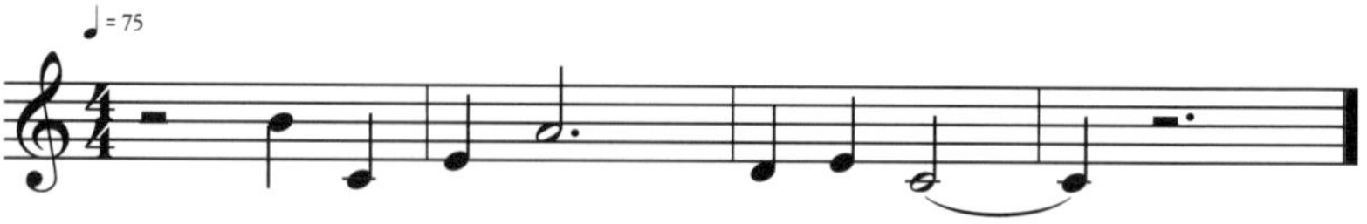

9. 들려주는 음과 리듬을 적어보세요.

1)

2)

3)

4)

5)

6)

7)

8)

10. 첫 음을 듣고, 다음 Scale을 불러보세요.

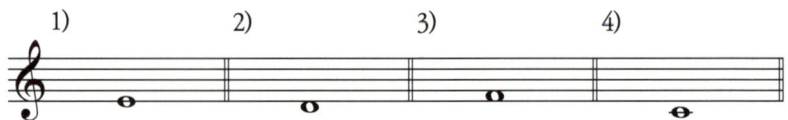

① Major Scale   ② Natural Minor Scale

③ Harmonic Minor Scale   ④ Melodic Minor Scale

11. Scale을 들은 후, 빈 곳에 음표를 넣고 이름을 적어보세요. 종 1-11

1)

2)

3)

4)

12. 코드 진행을 듣고, 코드와 도수를 적어보세요. 종 1-12

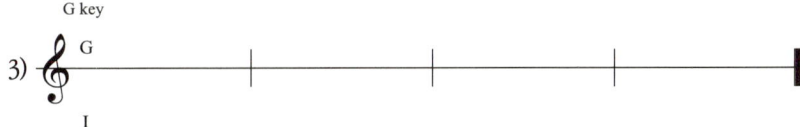

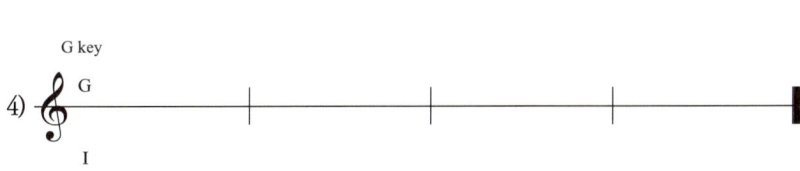

13. 들려주는 연주를 분석해 보세요. 종 1-13

1) 코드 진행을 적어보세요.

2) 피아노 음색을 고르세요.

① 밝은 EP   ② 어두운 EP   ③ 어쿠스틱 피아노   ④ 로즈

3) 베이스 주법을 고르세요.

① 리듬 위주 - 근음   ② 워킹   ③ 패턴   ④ 8 Beat - 뮤트

4) 드럼 하이햇의 비트를 고르세요.

① 4 Beat   ② 8 Beat   ③ 16 Beat   ④ 32 Beat

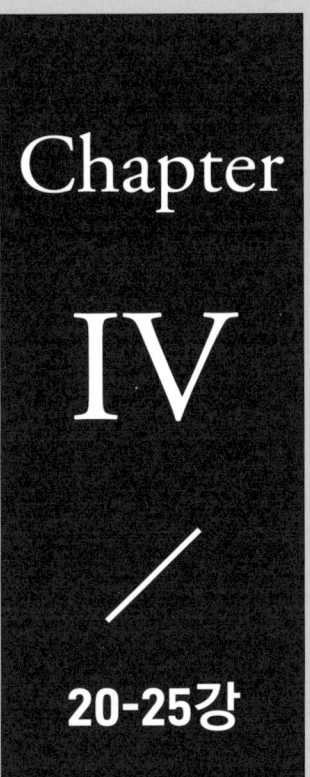

Chapter

IV

/

20-25강

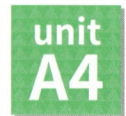

음의 높이 : 2옥타브 도

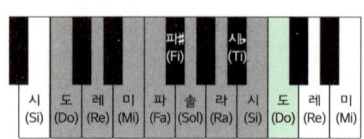

1옥타브 **도** , **미**, **솔**과 **2옥타브 도**를 연습합니다. 한 옥타브 차이가 나는 **도**에 주의해보세요.

1. 음을 듣고 악보를 보면서, 따라 불러보세요.

2. 악보의 음을 정확하게 불러보세요. 시 A4-2

▶*check*

3. 음을 듣고, 악보에 적어보세요. 청 A4-3

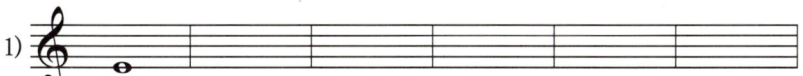

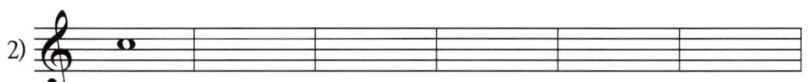

▶*check*

4. 음을 듣고, 높이가 다른 하나를 고르세요. 청 A4-4

1)   ①   ②   ③   ④

2)   ①   ②   ③   ④

음정(Interval) : 단3도, 단6도

A4에서 알아본 **미, 솔, 2옥타브 도**로 만들 수 있는 **단3도**와 **단6도**를 연습합니다.

1. 음정을 들은 후, 펼친 음을 따라 불러보세요.

2. 주어진 음정을 들어보세요. 청 B4-2

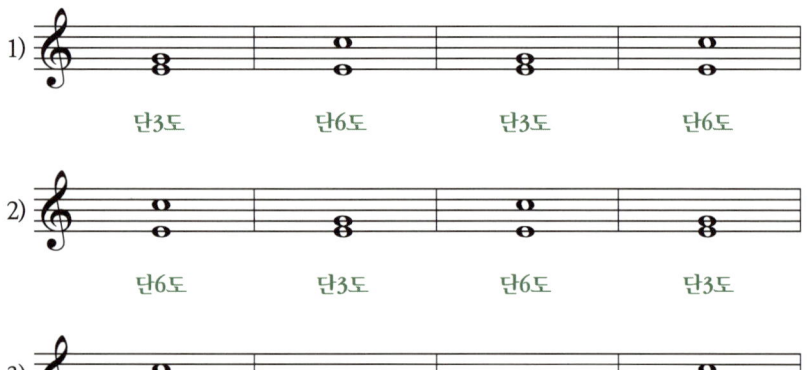

3. 아래 음을 듣고, 주어진 음정이 되도록 위의 음을 불러보세요.   시 청 B4-3

▶*check*

4. 들리는 음정의 이름을 적고, 악보에 그려보세요.   청 B4-4

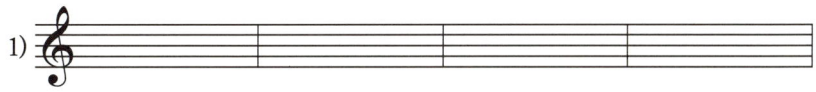

▶*check*

5. 소리를 듣고, 음정이 다른 하나를 고르세요.   청 B4-5

1)   ①   ②   ③   ④

2)   ①   ②   ③   ④

3화음(Triad): 근음을 바꾼 M, m

근음을 바꾸어 메이저와 마이너 코드를 연습합니다. 근음이 바뀌더라도 코드가 가지고 있는 고유한 성질에 따른 소리에 집중해보세요.

1. 코드를 들은 후, 펼친 화음을 불러보세요.

2. 주어진 화음을 들어보세요.

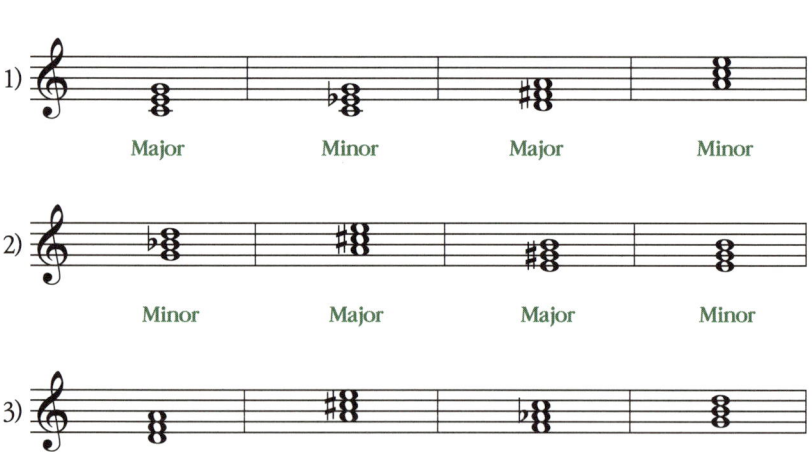

3. 근음을 듣고, 주어진 화음의 구성음을 각각 불러보세요.　시　청　C4-3

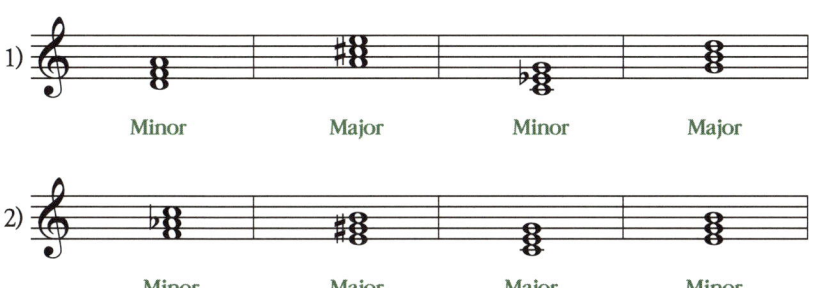

1)

Minor　　　Major　　　Minor　　　Major

2)

Minor　　　Major　　　Major　　　Minor

▶*check*

4. 표시된 근음을 참고하여, 코드 이름과 구성음을 적어보세요.　청　C4-4

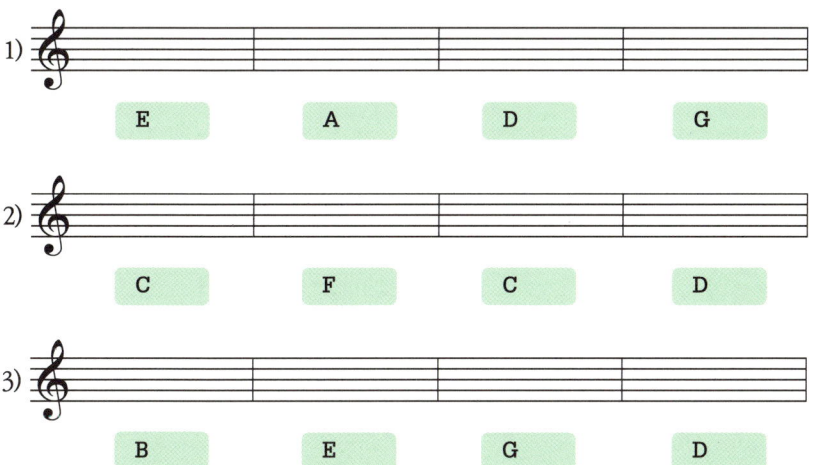

1)

　　　E　　　A　　　D　　　G

2)

　　　C　　　F　　　C　　　D

3)

　　　B　　　E　　　G　　　D

▶*check*

5. 소리를 듣고, 코드의 종류가 다른 하나를 고르세요.　청　C4-5

1)　　①　　②　　③　　④

2)　　①　　②　　③　　④

음의 길이 : 8분 음표

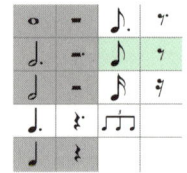

1/2박 길이인 **8분 음표**와 **쉼표**를 추가해서 리듬을 연습합니다. 기준 박(4분 음표)보다 짧은 리듬에 주의해보세요.

1. 악보의 리듬을 들으면서, 계이름 [솔]로 불러보세요.

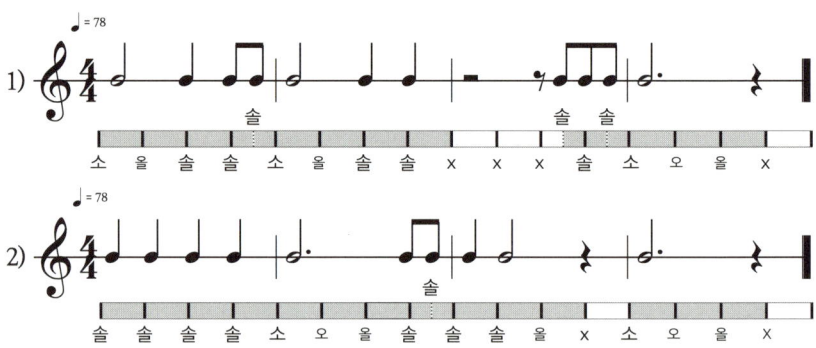

2. 첫 음을 듣고, 템포에 맞춰 악보를 불러보세요.

▶*check*

3. 리듬을 듣고, 적어보세요.　청 D4-3

1)

2)

▶*check*

4. 들려주는 음과 리듬을 적어보세요.　청 D4-4

1)

2)

3)

4)

5. 붙임줄에 유의하여 악보의 리듬을 들으면서, [솔]로 불러보세요. 시 청 D4-5

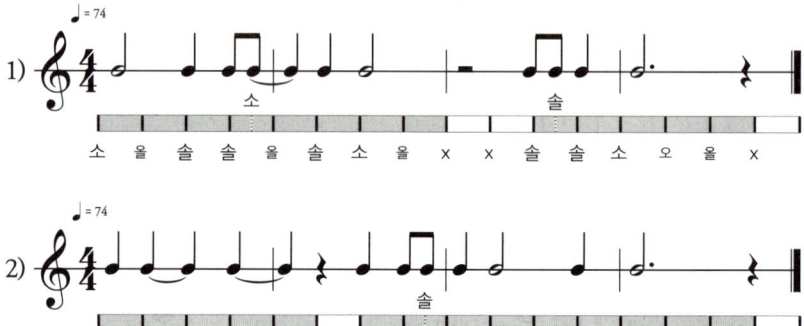

6. 첫 음을 듣고, 템포에 맞춰 악보를 불러보세요. 시 D4-6

▶*check*

7. 리듬을 듣고, 적어보세요. 청 D4-7

▶*check*

8. 들려주는 음과 리듬을 적어보세요. 청 D4-8

unit E4 모드(Mode) : Dorian

Ionina	도레미파솔라시도
Dorian	레미파솔라시도레
Phrygian	미파솔라시도레미
Lydian	파솔라시도레미파
Mixolydian	솔라시도레미파솔
Aeolian	라시도레미파솔라
Locrian	시도레미파솔라시
Jazz Minor	라시도레미파솔라

이제부터 모드를 연습합니다. **Dorian(도리안)**은 **'레미파솔라시도레'**로 부르면 보다 쉽게 연습할 수 있습니다. 익숙해지면 '아'로 부릅니다

*Ionian은 Major Scale과 동일하여 생략합니다.

1. 다음 Mode를 듣고, 따라 불러보세요.

시 청 E4-1

1)

D Dorian

2)
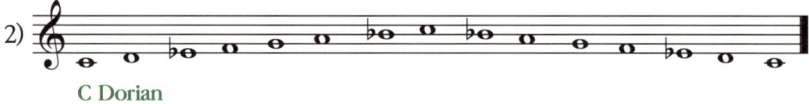
C Dorian

3)

E Dorian

4)

F Dorian

2. 첫 음을 듣고, 다음 Mode(또는 Scale)를 불러보세요.

시 E4-2

1)

① Dorian   ② Ionian
③ Natural Minor Scale   ④ Harmonic Minor Scale

2)

① Dorian   ② Melodic Minor Scale
③ Natural Minor Scale   ④ Major Scale

▶*check*

3. Mode(또는 Scale)를 들은 후, 빈 곳에 음표를 넣고 이름을 적어보세요. 청 E4-3

1)

2)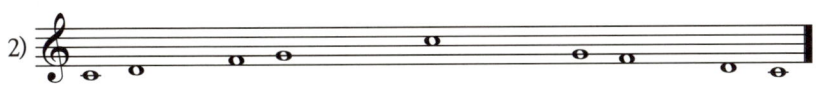

3)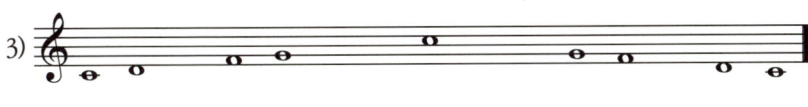

4)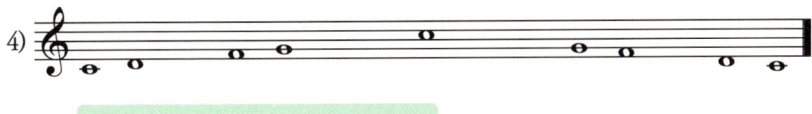

▶*check*

4. 소리를 듣고, Dorian을 고르세요. 청 E4-4

1)   ①   ②   ③   ④

2)   ①   ②   ③   ④

코드진행(Chord Progression) : IIIm

3도 화음을 추가하여 진행을 연습합니다. 3도 화음의 추가로 3-6-2-5-1 진행이 만들어집니다. 3-6-2-5-1 진행에 주의해보세요.

1. 다음 코드 진행을 들어보세요.

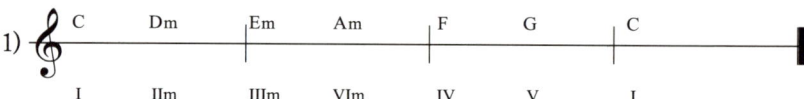

1)

C	Dm	Em	Am	F	G	C
I	IIm	IIIm	VIm	IV	V	I

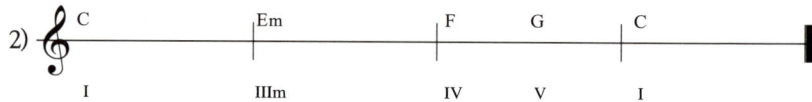

2)

C	Em	F	G	C
I	IIIm	IV	V	I

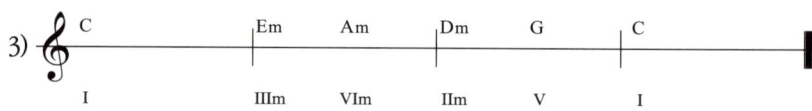

3)

C	Em	Am	Dm	G	C
I	IIIm	VIm	IIm	V	I

2. 들리는 코드 진행에 맞춰, 코드의 근음을 불러보세요.

* 자신의 음역대에 따라 근음의 옥타브를 바꿔 연습해도 괜찮습니다.

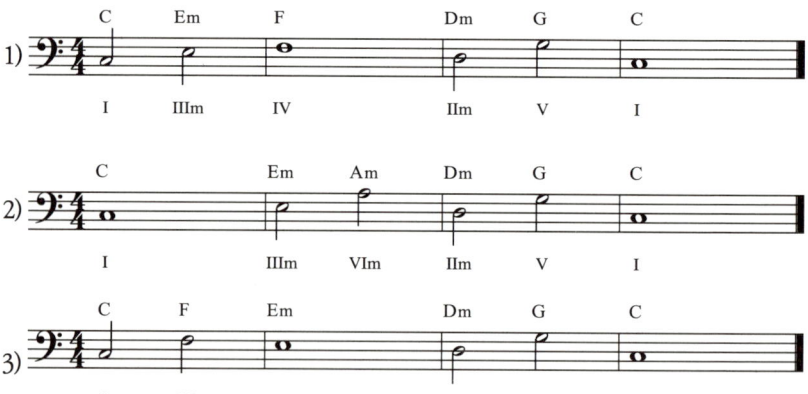

1)

C	Em	F	Dm	G	C
I	IIIm	IV	IIm	V	I

2)

C	Em	Am	Dm	G	C
I	IIIm	VIm	IIm	V	I

3)

C	F	Em	Dm	G	C
I	IV	IIIm	IIm	V	I

▶*check*

3. 코드 진행을 듣고, 코드의 근음을 적어보세요.

1)

2)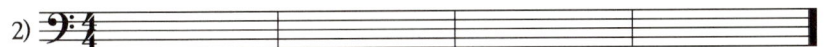

▶*check*

4. 코드 진행을 듣고, 코드와 도수를 적어보세요.

1)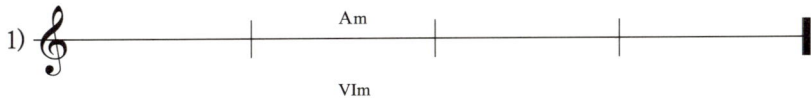

2)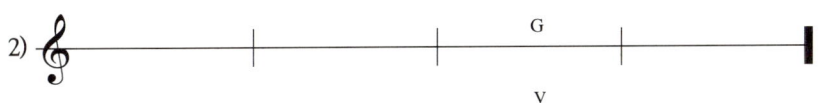

▶*check*

5. 진행을 듣고, IIIm가 들어간 마디를 고르세요.

1) ① 1마디   ② 2마디   ③ 3마디   ④ 4마디

2) ① 1마디   ② 2마디   ③ 3마디   ④ 4마디

악기(Instrument) : 통기타(Guitar)

I. 음색 (Voice)

통기타는 나무로 만든 통의 울림으로 소리를 내는 6줄 짜리 기타를 통칭하는 말입니다. 기타 줄은 주로 스틸(Steel) 줄과 나일론(Nylon) 줄을 사용합니다. 연주하는 장르에 따라 포크 기타, 클래식 기타로 부르기도 합니다.

사용하는 줄에 따른 구분	특징
스틸(Steel) 줄	포크 기타에 사용, 선명한 소리를 냄
나일론(Nylon) 줄	클래식 기타에 사용, 스틸 줄에 비해 따뜻한 느낌의 소리를 냄

1. 다음 들려주는 기타 소리를 들어보세요.   청 G4-1

1) 스틸(steel) 줄   2) 나일론(Nylon) 줄

▶*check*

2. 보기를 듣고, 나일론(Nylon) 줄 기타를 고르세요.   청 G4-2

①   ②   ③   ④

3. 보기를 듣고, 스틸(Steel) 줄 기타를 고르세요.   청 G4-3

①   ②   ③   ④

II. 주법 (Playing Styles)

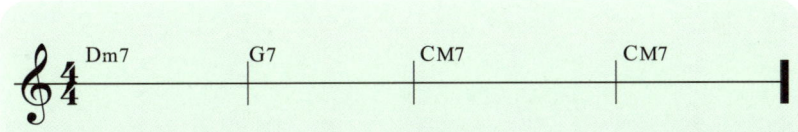

4. 다음 통기타 주법을 들어보세요.   청 G4-4

1) 리듬(Rhythm)   2) 아르페지오(Arpeggio)   3) 라인(Line)   4) 커팅(Cutting)

* 커팅(Cutting) : 짧게 끊어서 연주하는 주법

5. 리듬(Rhythm) 연주를 비트의 변화에 주의해서 들어보세요.   청 G4-5

1) 4 Beat   2) 8 Beat   3) 16 Beat

6. 다음 아르페지오(Arpeggio) 연주를 들어보세요.   청 G4-6

1) 8 Beat   2) 16 Beat

▶check

7. 보기를 듣고, 커팅(Cutting) 연주를 고르세요.   청 G4-7

①   ②   ③   ④

8. 보기를 듣고, 아르페지오(16 Beat) 연주를 고르세요.   청 G4-8

①   ②   ③   ④

Chapter

V

26-31강

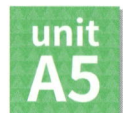
음의 높이 : 2옥타브 레

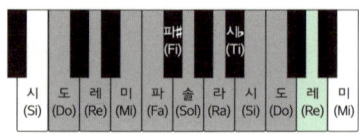

1옥타브 **미, 파, 라**와 **2옥타브 레**를 연습합니다.

1. 음을 듣고 악보를 보면서, 따라 불러보세요.

2. 악보의 음을 정확하게 불러보세요.

▶*check*

3. 음을 듣고, 악보에 적어보세요.

1)

2)

3)

4)

▶*check*

4. 음을 듣고, 높이가 다른 하나를 고르세요.

1)   ①   ②   ③   ④

2)   ①   ②   ③   ④

음정(Interval) : 단2도, 단7도

A5에서 알아본 **미, 파, 2옥타브 레**로 만들 수 있는 **단2도**와 **단7도**를 연습합니다.

1. 음정을 들은 후, 펼친 음을 따라 불러보세요.

2. 주어진 음정을 들어보세요.

3. 아래 음을 듣고, 주어진 음정이 되도록 위의 음을 불러보세요. 시 청 B5-3

단7도　　　단2도　　　단7도　　　단2도

단7도　　　단2도　　　단2도　　　단7도

▶*check*

4. 들리는 음정의 이름을 적고, 악보에 그려보세요. 청 B5-4

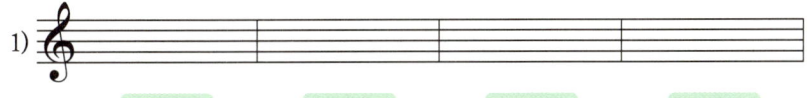

1)

2)

3)

▶*check*

5. 소리를 듣고, 음정이 다른 하나를 고르세요. 청 B5-5

1)　　① 　　② 　　③ 　　④

2)　　① 　　② 　　③ 　　④

unit C5

3화음(Triad) : 근음을 바꾼 Aug

근음을 바꾸어 메이저와 어그먼티드 코드를 연습합니다. 근음이 바뀌더라도 코드가 가지고 있는 고유한 성질에 따른 소리에 집중해보세요.

1. 코드를 들은 후, 펼친 화음을 불러보세요.

2. 주어진 화음을 들어보세요.

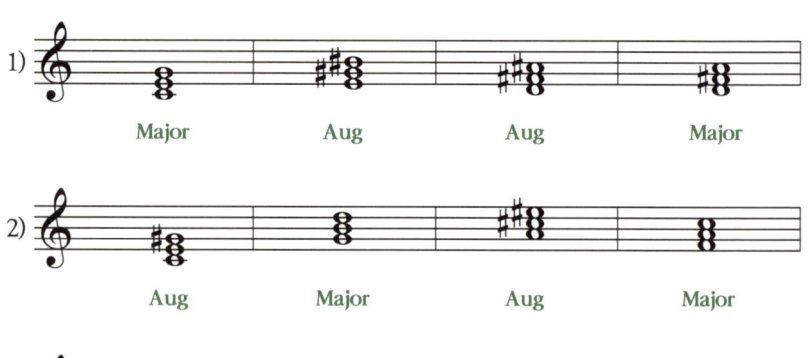

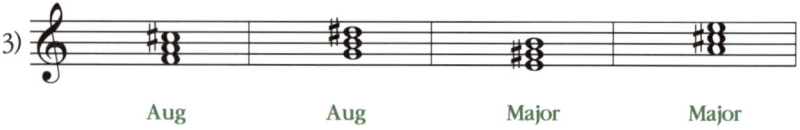

3. 근음을 듣고, 주어진 화음의 구성음을 각각 불러보세요.   시 청 C5-3

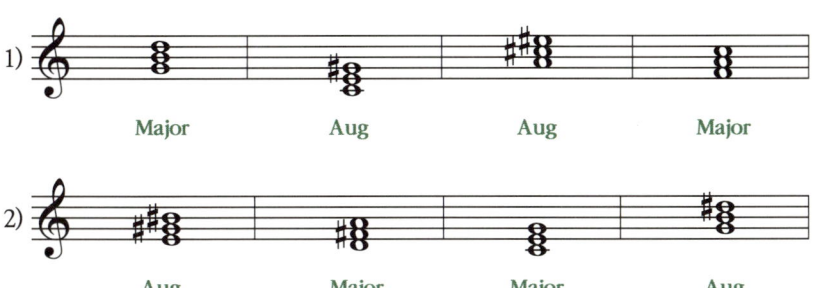

1)

Major   Aug   Aug   Major

2)

Aug   Major   Major   Aug

▶*check*

4. 표시된 근음을 참고하여, 코드 이름과 구성음을 적어보세요.   청 C5-4

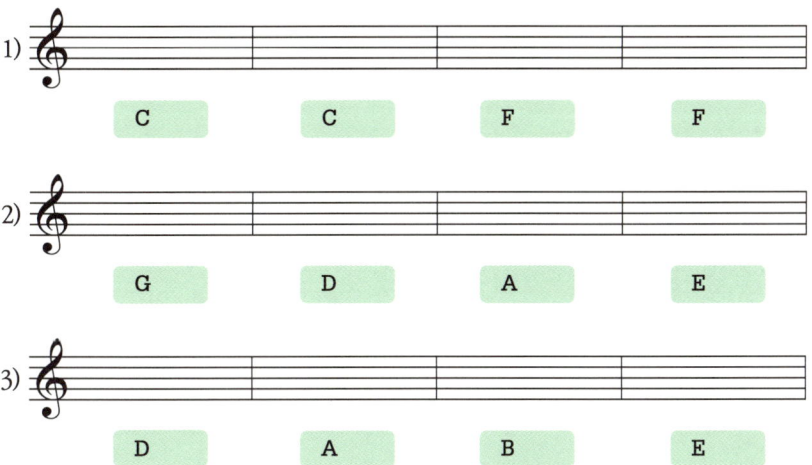

1)

C   C   F   F

2)

G   D   A   E

3)

D   A   B   E

▶*check*

5. 소리를 듣고, 코드의 종류가 다른 하나를 고르세요.   청 C5-5

1)   ①   ②   ③   ④

2)   ①   ②   ③   ④

음의 길이 : 점4분 음표

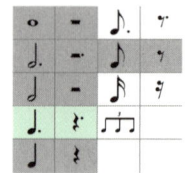

1박 반의 길이인, **점4분 음표**와 **쉼표**를 추가해서 리듬을 연습합니다.

1. 악보의 리듬을 들으면서, 계이름 [솔]로 불러보세요.　시 청 D5-1

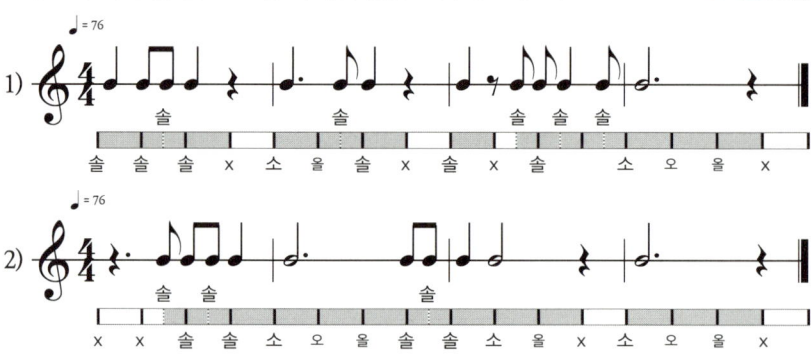

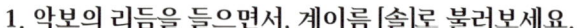

2. 첫 음을 듣고, 템포에 맞춰 악보를 불러보세요.　시 D5-2

▶*check*

3. 리듬을 듣고, 적어보세요.　　　　　　　　　청 D5-3

▶*check*

4. 들려주는 음과 리듬을 적어보세요.　　　　　　　청 D5-4

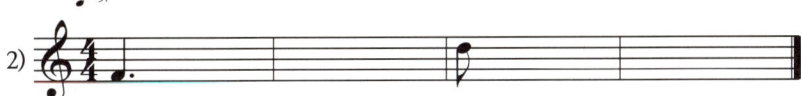

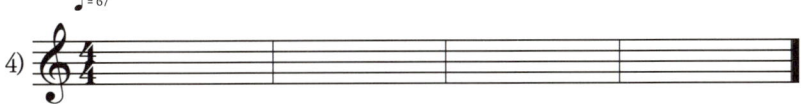

5. 붙임줄에 유의하여 악보의 리듬을 들으면서, [솔]로 불러보세요. 시 청 D5-5

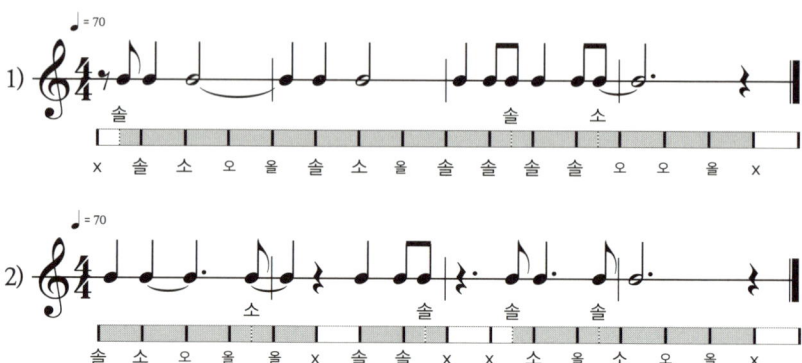

6. 첫 음을 듣고, 템포에 맞춰 악보를 불러보세요. 시 D5-6

▶*check*

7. 리듬을 듣고, 적어보세요. 청 D5-7

▶*check*

8. 들려주는 음과 리듬을 적어보세요. 청 D5-8

Ionina	도레미파솔라시도
Dorian	레미파솔라시도레
Phrygian	미파솔라시도레미
Lydian	파솔라시도레미파
Mixolydian	솔라시도레미파솔
Aeolian	라시도레미파솔라
Locrian	시도레미파솔라시
Jazz Minor	라시도레미파쉴라

모드(Mode) : Phrygian

Phrygian(프리지안)은 '미파솔라시도레미'로 부르면 보다 쉽게 연습할 수 있습니다. 익숙해지면 '아'로 부릅니다.

1. 다음 Mode를 듣고, 따라 불러보세요. 시 청

E Phrygian

2)

C Phrygian

3)

D Phrygian

4)

B Phrygian

2. 첫 음을 듣고, 다음 Mode(또는 Scale)를 불러보세요. 시

1)

① Phrygian   ② Major Scale
③ Melodic Minor Scale   ④ Harmonic Minor Scale

2)

① Phrygian   ② Harmonic Minor Scale
③ Ionian   ④ Natural Minor Scale

▶ *check*

3. Mode(또는 Scale)를 들은 후, 빈 곳에 음표를 넣고 이름을 적어보세요. 청 E5-3

1)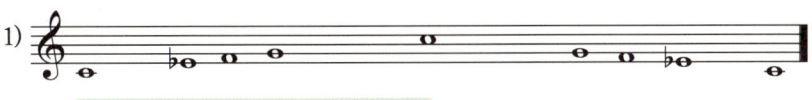

2)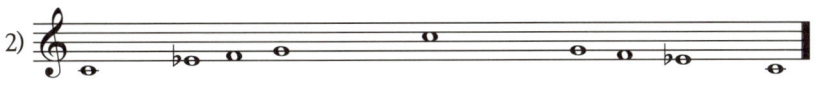

3)

4)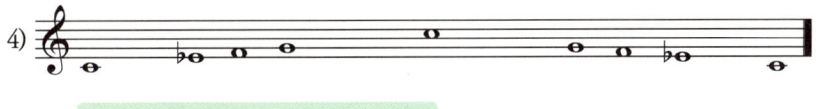

▶ *check*

4. 소리를 듣고, Mode(또는 Scale)의 종류가 다른 하나를 고르세요. 청 E5-4

1) ① ② ③ ④

2) ① ② ③ ④

코드진행(Chord Progression) : 다이아토닉 8마디

Diatonic(다이아토닉) 코드 범위에서 8마디 진행을 연습합니다.

1. 다음 코드 진행을 들어보세요.

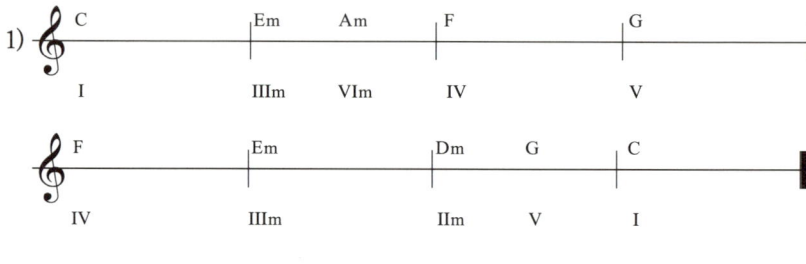

2. 들리는 코드 진행에 맞춰, 코드의 근음을 불러보세요.

* 자신의 음역대에 따라 근음의 옥타브를 바꿔 연습해도 괜찮습니다.

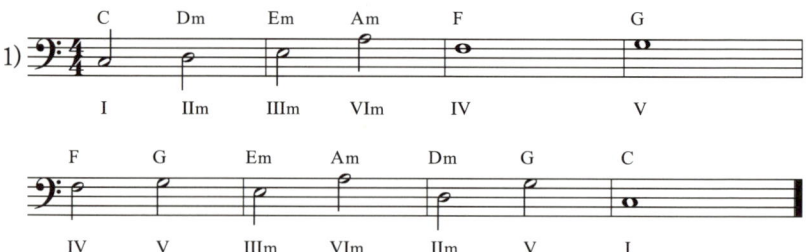

▶*check*

3. 코드 진행을 듣고, 코드의 근음을 적어보세요. 청 F5-3

1)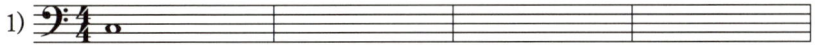

▶*check*

4. 코드 진행을 듣고, 코드와 도수를 적어보세요. 청 F5-4

1)

▶*check*

5. 진행을 듣고, 5번째 마디에 나오는 첫 코드의 도수를 고르세요. 청 F5-5

1) ① I ② IV ③ VIm ④ V

2) ① IV ② IIm ③ VIm ④ V

악기(Instrument) : 일렉 기타(Electric Guitar)

I. 음색 (Voice)

일렉 기타(Electric Guitar)는 통의 울림이 아닌 픽업(Pickup)이라는 전기적 장치를 통해 소리를 내고, 이펙터(Effector)를 사용하여 음색의 변화를 주는 기타입니다. 일렉 기타의 음색은 크게 이펙터(Effector)를 걸지 않는 클린(Clean), 찌그러진 소리가 나는 디스토션(Distortion), 공간감이 느껴지는 코러스(Chorus), 계속해서 소리의 변화가 나는 와우(Wah-Wah)로 나눌 수 있습니다.

음색에 따른 구분	특징
클린(Clean)	이펙터(Effector)를 걸지 않고 연주
디스토션(Distortion)	찌그러진 소리가 남
코러스(Chorus)	공간감이 느껴짐
와우(Wah-Wah)	계속해서 소리의 변화가 있음

1. 다음 일렉 기타(Electric Guitar) 소리를 들어보세요. 청 G5-1

> 1) 클린(Clean) 2) 디스토션(Distortion) 3) 코러스(Chorus) 4) 와우(Wah-Wah)

▶ *check*

2. 보기를 듣고, 클린(Claen)을 고르세요. 청 G5-2

① ② ③ ④

3. 보기를 듣고, 디스토션(Distortion)을 고르세요. 청 G5-3

① ② ③ ④

II. 주법 (Playing Styles)

일렉 기타에서 추가적으로 자주 사용하는 주법은 코드의 근음과 5음을 치는 백킹(Backing), 조(key)의 근음(Root)을 뮤트(Mute)로 치는 팜 뮤트(Palm Mute), 코드를 친 후에 볼륨 페달을 사용하여 소리를 조절하는 볼륨(Volume)이 있습니다.

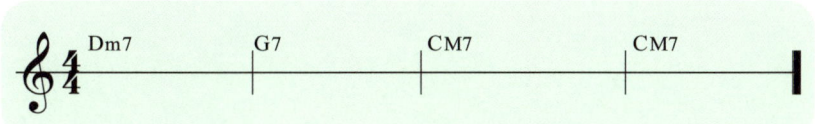

4. 다음 일렉 기타(Electric Guitar) 주법을 들어보세요. 청 G5-4

1) 리듬(Rhythm)   2) 라인(Line)   3) 아르페지오(Arpeggio)
4) 백킹(Backing)   5) 팜 뮤트(Palm Mute)   6) 볼륨(Volume)

5. 옥타브 주법에 유의해서 다음 연주를 들어보세요. 청 G5-5

1) 리듬(Rhythm)   2) 리듬(Rhythm) - 옥타브
3) 라인(Line)   4) 라인(Line) - 옥타브

* 옥타브(Octave) 주법 : 완전8도 떨어진(1옥타브 차이가 나는) 두 음을 같이 연주함

6. 다음 백킹(Backing) 연주를 들어보세요. 청 G5-6

1) 백킹(Backing)   2) 뮤트(Mute)
3) 백킹(Backing) + 디스토션(Distortion)   4) 뮤드(Mute) + 디스토션(Distortion)

▶ *check*

7. 보기를 듣고, 리듬(Rythm) - 옥타브 주법을 고르세요. 청 G5-7

①   ②   ③   ④

8. 보기를 듣고, 디스토션 - 백킹 - 뮤트 주법을 고르세요. 청 G5-8

①   ②   ③   ④

Chapter

VI

/

32-37강

음의 높이 : 1옥타브 아래 시

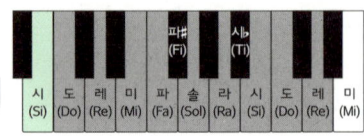

레, 파, 시와 1옥타브 아래 낮은 시를 연습합니다. 한 옥타브 차이가 나는 시에 주의해보세요.

1. 음을 듣고 악보를 보면서, 따라 불러보세요.

1)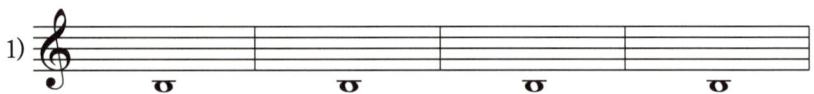

2)

3)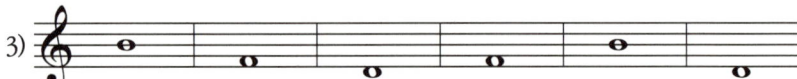

4)

2. 악보의 음을 정확하게 불러보세요. 시 A6-2

1)

2)

▶*check*

3. 음을 듣고, 악보에 적어보세요. 청 A6-3

1)

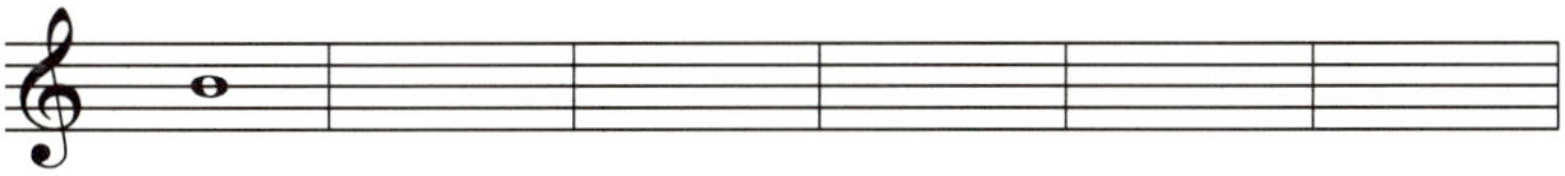

2)

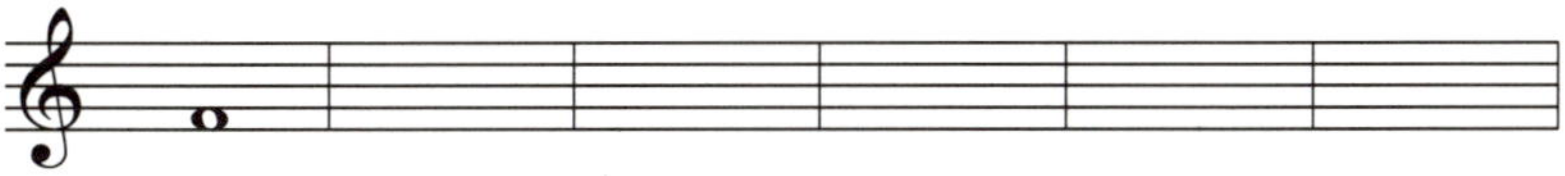

3)

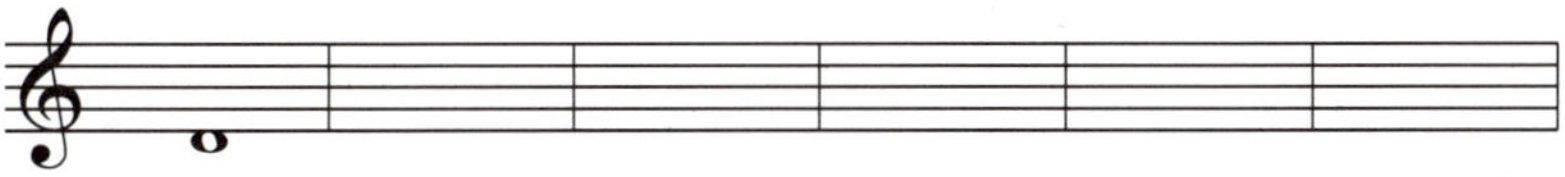

4)

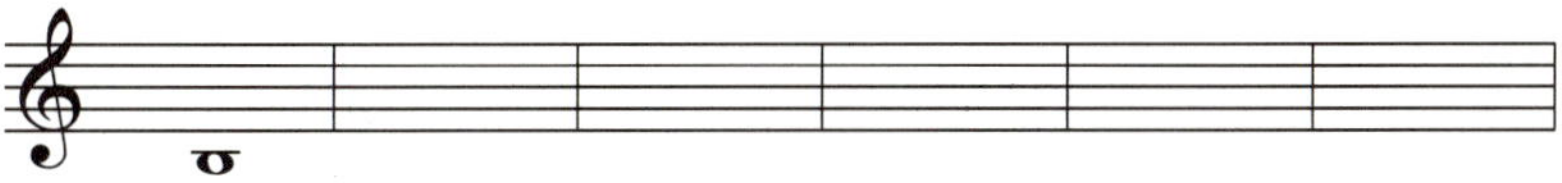

▶*check*

4. 음을 듣고, 높이가 다른 하나를 고르세요. 청 A6-4

1) ①   ②   ③   ④

2) ①   ②   ③   ④

음정(Interval) : 감5도, 완전8도

단2	단3	완전4	완전5	단6	단7	완전8
장2	장3	증4	감5	장6	장7	

B5에서 알아본 **시**(1옥타브 아래), **파**, **시**로 만들 수 있는 **감5도**와 **완전8도**를 연습합니다. **감5도**와 **증4도**는 음정 이름은 다르지만 간격이 같아 동일한 소리를 냅니다.

1. 음정을 들은 후, 펼친 음을 따라 불러보세요. 시

2. 주어진 음정을 들어보세요.

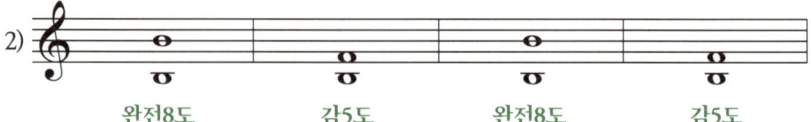

3. 아래 음을 듣고, 주어진 음정이 되도록 위의 음을 불러보세요.　시　청　B6-3

1) 완전8도　　　감5도　　　완전8도　　　감5도

2) 감5도　　　완전8도　　　감5도　　　완전8도

▶ *check*

4. 들리는 음정의 이름을 적고, 악보에 그려보세요.　청　B6-4

1)

2)

3)

▶ *check*

5. 소리를 듣고, 음정이 다른 하나를 고르세요.　청　B6-5

1)　　①　　　②　　　③　　　④

2)　　①　　　②　　　③　　　④

unit C6

3화음(Triad) : 근음을 바꾼 Dim

근음을 바꾸어 마이너와 디미니시드 코드를 연습합니다. 근음이 바뀌더라도 코드가 가지고 있는 고유한 성질에 따른 소리에 집중해보세요.

1. 코드를 들은 후, 펼친 화음을 불러보세요.

2. 주어진 화음을 들어보세요.

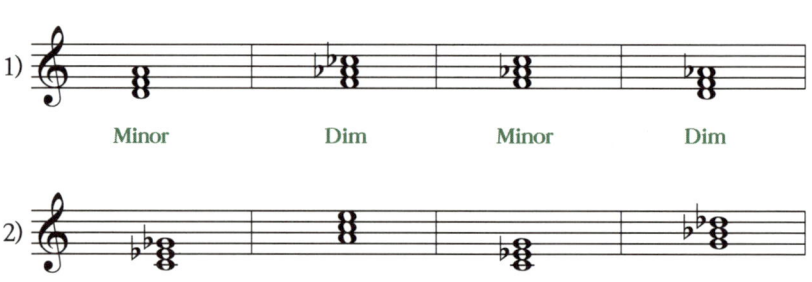

3. 근음을 듣고, 주어진 화음의 구성음을 각각 불러보세요. 시 청 C6-3

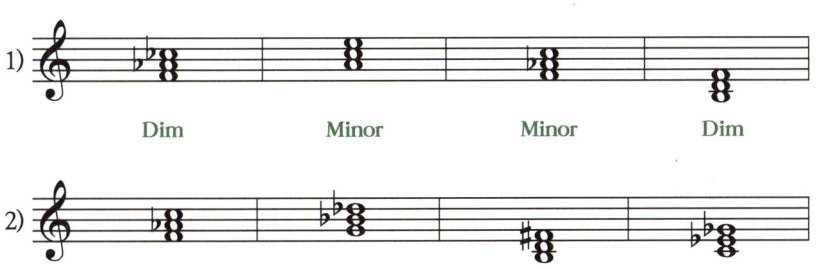

1) Dim Minor Minor Dim

2) Minor Dim Minor Dim

▶ *check*

4. 표시된 근음을 참고하여, 코드 이름과 구성음을 적어보세요. 청 C6-4

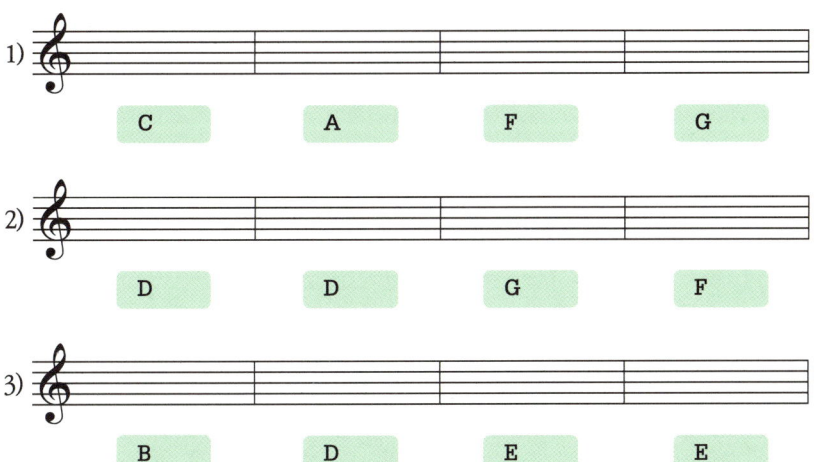

1) C A F G

2) D D G F

3) B D E E

▶ *check*

5. 소리를 듣고, 코드의 종류가 다른 하나를 고르세요. 청 C6-5

1) ① ② ③ ④

2) ① ② ③ ④

음의 길이 : 16분 음표

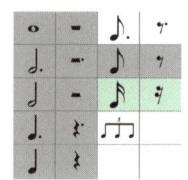

1/4 길이인 **16분 음표**와 **쉼표**를 추가해서 리듬을 연습합니다. **16분 음표**가 까다로워 보이지만 3가지 리듬 패턴을 외우면 쉽게 익힐 수 있습니다.

1. 소리를 들으면서, 16분 음표 리듬 패턴을 따라해 보세요.

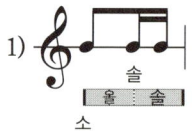

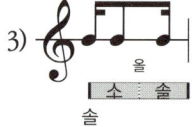

2. 악보의 리듬을 들으면서, 계이름 [솔]로 불러보세요.

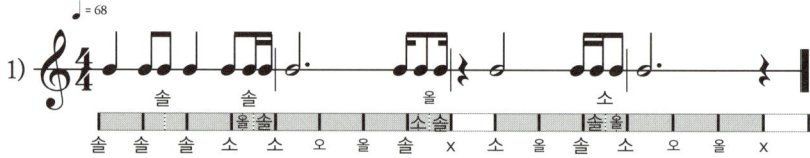

3. 첫 음을 듣고, 템포에 맞춰 악보를 불러보세요.. 시 D6-3

▶ *check*

4. 리듬을 듣고, 적어보세요.　　　　　청 D6-4

▶ *check*

5. 들려주는 음과 리듬을 적어보세요.　　　　　청 D6-5

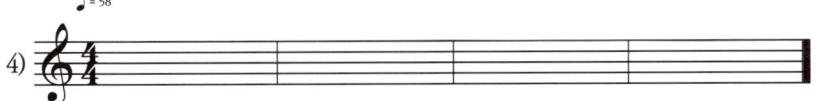

6. 붙임줄에 유의하여 악보의 리듬을 들으면서, [솔]로 불러보세요. 시 청 D6-6

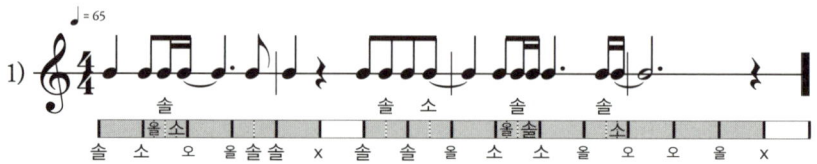

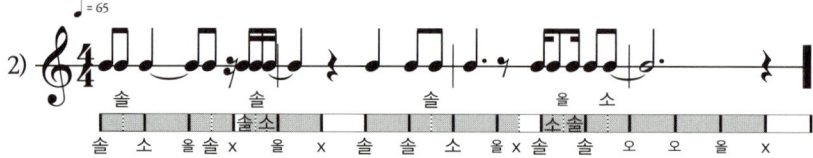

7. 첫 음을 듣고, 템포에 맞춰 악보를 불러보세요. 시 D6-7

▶ *check*

8. 리듬을 듣고, 적어보세요. 청 D6-8

▶ *check*

9. 들려주는 음과 리듬을 적어보세요. 청 D6-9

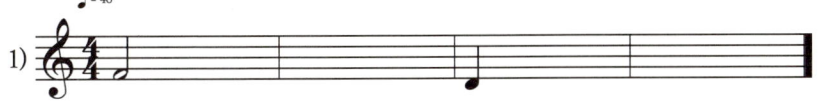

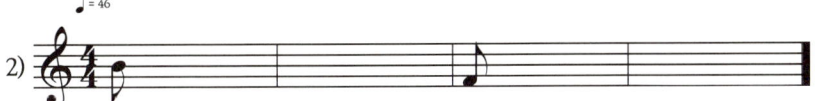

unit E6 모드(Mode) : Lydian

Ionina	도레미파솔라시도
Dorian	레미파솔라시도레
Phrygian	미파솔라시도레미
Lydian	파솔라시도레미파
Mixolydian	솔라시도레미파솔
Aeolian	라시도레미파솔라
Locrian	시도레미파솔라시
Jazz Minor	라시도레미파쉘라

Lydian(리디안)은 '파솔라시도레미파'로 부르면 보다 쉽게 연습할 수 있습니다. 익숙해지면 '아'로 부릅니다.

1. 다음 Mode를 듣고, 따라 불러보세요. 시 청

1) F Lydian

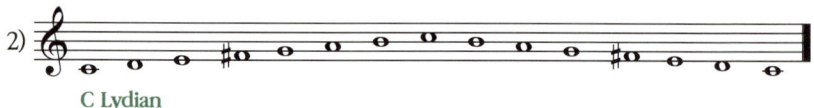
2) C Lydian

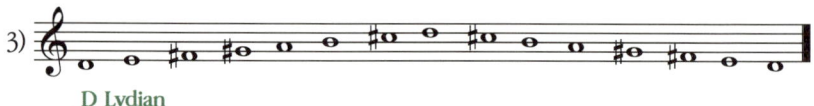
3) D Lydian

4) A Lydian

2. 첫 음을 듣고, 다음 Mode(또는 Scale)을 불러보세요. 시

1)
① Lydian   ② Harmonic Minor Scale
③ Natural Minor Scale   ④ Ionian

2)
① Lydian   ② Major Scale
③ Melodic Minor Scale   ④ Natural Minor Scale

▶ *check*

3. Mode(또는 **Scale**)를 들은 후, 빈 곳에 음표를 넣고 이름을 적어보세요. 청 E6-3

1)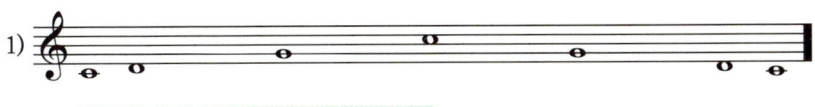

2)

3)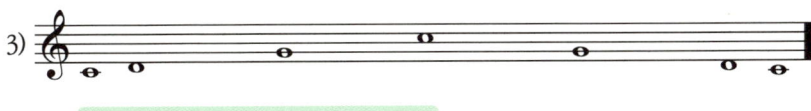

4)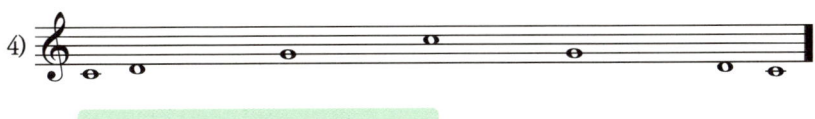

▶ *check*

4. 소리를 듣고, Lydian을 고르세요. 청 E6-4

1)　　① 　　② 　　③ 　　④

2)　　① 　　② 　　③ 　　④

코드 진행(Chord Progression) : 분수 코드

unit **F6**

Diatonic(다이아토닉) 범위의 8마디에서 **분수 코드**를 추가하여 코드 진행을 연습합니다. 이제부터 가장 낮은 음이 코드의 근음이 아닐 수 있다는 사실에 주의해보세요.

1. 다음 코드 진행을 들어보세요.

청 F6-1

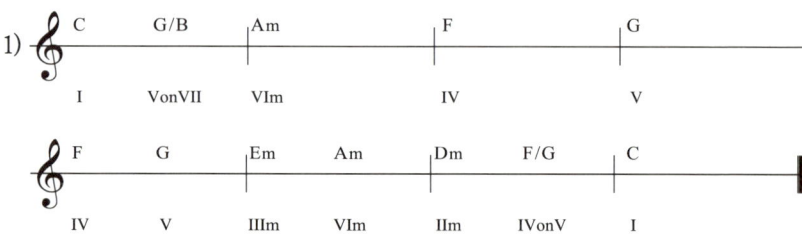

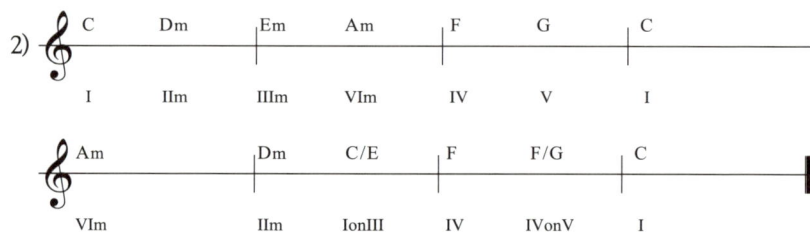

2. 들리는 코드 진행에 맞춰, 악보의 음을 불러보세요.

시 청 F6-2

* 자신의 음역대에 따라 근음의 옥타브를 바꿔 연습해도 괜찮습니다.

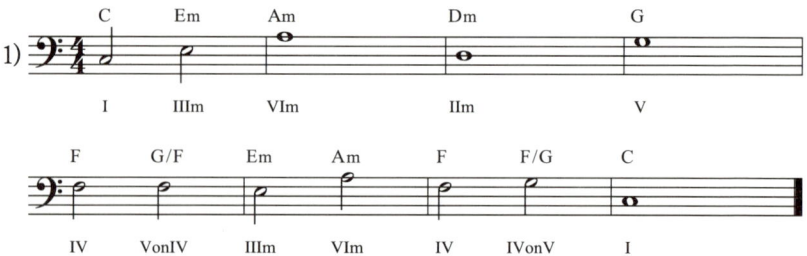

▶*check*

3. 코드 진행을 듣고, 코드의 근음(혹은 가장 낮은 음)을 적어보세요. 청 F6-3

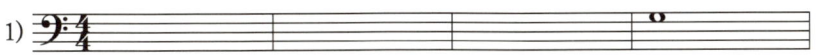

▶*check*

4. 코드 진행을 듣고, 코드와 도수를 적어보세요. 청 F6-4

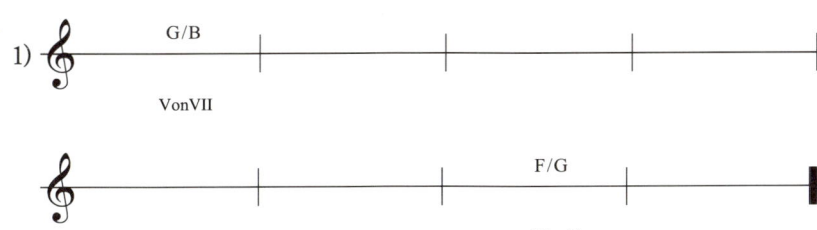

▶*check*

5. 진행을 듣고, 분수 코드가 나온 진행을 고르세요. 청 F6-5

1) ① ② ③ ④

2) ① ② ③ ④

악기(Instrument) : 스트링즈(Strings)

I. 음색 (Voice)

통상적으로 Strings는 [바이올린, 비올라, 첼로, 콘트라베이스] 4개의 현악기가 같이 연주되는 것을 말합니다. 발라드에서 중요하게 사용되는 편입니다. 스트링즈(Strings)는 여러 악기가 동시에 나오고 있기 때문에 풍성한 소리를 냅니다. 현악기는 바이올린, 비올라, 첼로, 콘트라베이스 순으로 음역대가 낮아집니다.

현악기	특징
바이올린(Violin)	4옥타브 이상의 음역을 낼 수 있고 다양한 음색이 가능
비올라(Viola)	중간 음역을 담당하고 음색이 따뜻하고 부드러움
첼로(Cello)	저음역을 담당하고 풍부한 울림이 있음
콘트라베이스(Contrabass)	최저음역을 담당하고 어둡고 묵직함한 소리를 냄

1. 다음 스트링즈(Strings) 소리를 들어보세요. 청 G6-1

1) 스트링즈(Strings) 2) 바이올린(Violin) 3) 비올라(Viola)
4) 첼로(Cello) 5) 콘트라베이스(Contrabass)

▶ *check*

2. 보기를 듣고, 스트링즈(Strings) 소리를 고르세요. 청 G6-2

① ② ③ ④

3. 보기를 듣고, 첼로(Cello) 소리를 고르세요. 청 G6-3

① ② ③ ④

II. 주법 (Playing Styles)

　현악기는 주법에 따라 음색의 변화와 다양한 분위기를 만들 수 있습니다. 대표적인 주법은 레가토(Legato : 음표의 길이 대로 연주), 스타카토(Staccato : 음표의 1/2로 짧게 연주), 트레몰로(Tremolo : 떨리듯이 규칙적으로 음의 변화를 주어 연주), 피치카토(Pizzicato : 손가락으로 짧게 튕겨 연주)가 있습니다.

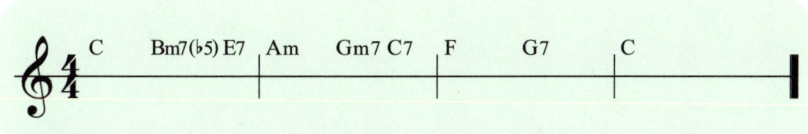

4. 다음 스트링즈(String) 주법을 들어보세요.　　　　청 G6-4

　1) 레가토(Legato)　　　　　　2) 스타카토(Staccato)
　3) 트레몰로(Tremolo)　　　　　4) 피치카토(Pizzicato)

5. 다음 스트링즈(String) 연주를 들어보세요.　　　　청 G6-5

　1) 패드(Pad)　　　　2) 라인(Line)

▶*check*

6. 보기를 듣고, 스타카토(Staccato) 주법을 고르세요.　　　청 G6-6

　①　　　②　　　③　　　④

7. 보기를 듣고, 라인(Line) 주법을 고르세요.　　　청 G6-7

　①　　　②　　　③　　　④

종합
문제

2

4-6
Chapter

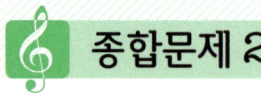

종합문제 2

1. 음을 듣고, 악보에 적어보세요.   종 2-1

2. 들리는 음정의 이름을 적고, 악보에 그려보세요.   종 2-2

3. 들리는 코드의 이름과 구성음을 적어보세요.   종 2-3

4. 다음 중, 가장 높은 음을 고르세요. 종 2-4

① ② ③ ④

5. 다음 중, 단2도를 고르세요. 종 2-5

① ② ③ ④

6. 다음 중, 디미니시드 코드를 고르세요. 종 2-6

① ② ③ ④

7. 리듬을 듣고 적어보세요. 종 2-7

1)

2)

3)

4)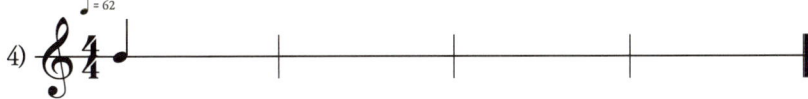

8. 첫 음을 듣고, 템포에 맞춰 악보를 불러보세요.

9. 들려주는 음과 리듬을 적어보세요.

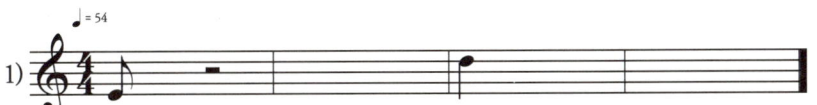

10. 첫 음을 듣고, 다음 Mode를 불러보세요. 2-10

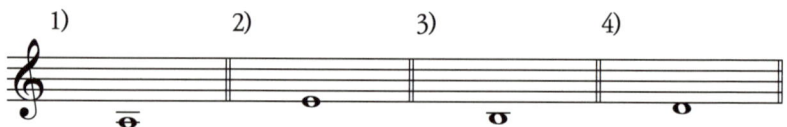

① Ionian   ② Dorian

③ Phrygian   ④ Lydian

11. Mode(또는 Scale)를 들은 후, 빈 곳에 음표를 넣고 이름을 적어보세요. 종 2-11

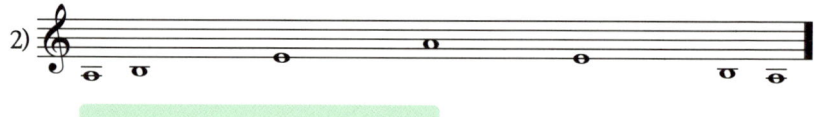

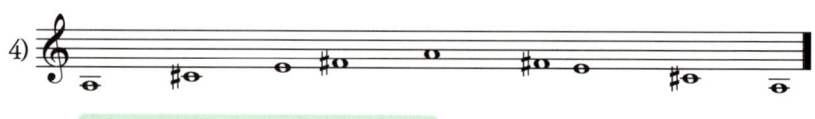

12. 코드 진행을 듣고, 코드와 도수를 적어보세요.   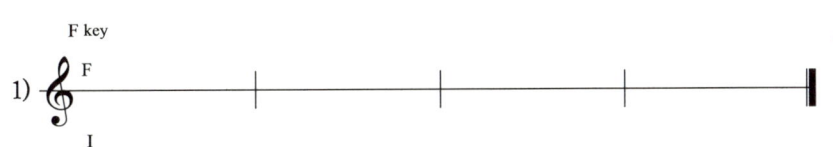 종 `2-12`

1)

13. 들려주는 연주를 분석해 보세요.   종 `2-13`

1) 코드 진행을 적어보세요.

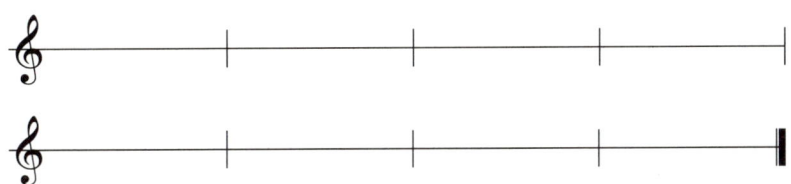

2) 피아노 연주에 대한 바른 설명을 고르세요.

① 라인   ② 리듬(4 Beat)   ③ 아르페지오(8 Beat)   ④ 패턴

3) 베이스 연주에 대한 바른 설명을 고르세요.

① 리듬 위주 - 근음   ② 워킹   ③ 패턴   ④ 라인

4) 드럼 연주에서 나오지 않는 소리를 고르세요.

① 킥   ② 스네어   ③ 하이햇   ④ 라이드

5) 통기타 음색에 대한 틀린 설명을 고르세요.

① 클래식 기타   ② 스틸 줄 기타   ③ 포크 기타

6) 일렉 기타 연주에 대한 바른 설명을 고르세요.

① 팜 뮤트   ② 아르페지오(8 Beat)   ③ 리듬(8 Beat)   ④ 백킹

7) 스트링즈 연주에 대한 틀린 설명을 고르세요.

① 패드   ② 라인   ③ 레가토   ④ 스타카토

Chapter

VII

/

39-44강

음의 높이 : 2옥타브 미

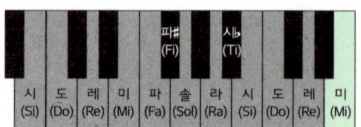

1옥타브 **레, 미, 라, 시**와 **2옥타브 미**를 연습합니다. 한 옥타브 차이가 나는 **미**에 주의해보세요.

1. 음을 듣고 악보를 보면서, 따라 불러보세요. 시 청 A7-1

1)

2)

3)

4)

2. 악보의 음을 정확하게 불러보세요. 시 A7-2

1)

2)

▶ *check*

3. 음을 듣고, 악보에 적어보세요. 청 A7-3

1)

2)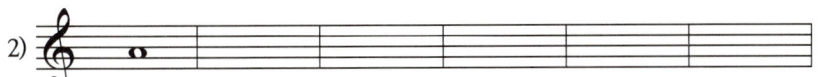

3)

4)

▶ *check*

4. 음을 듣고, 높이가 다른 하나를 고르세요. 청 A7-4

1) ①   ②   ③   ④

2) ①   ②   ③   ④

음의 간격(Interval) : 완전음정

단2	단3	완전4	완전5	단6	단7	완전8
장2	장3	증4	감5	장6	장7	

완전음정을 연습합니다. **완전음정**이 가지고 있는 분위기 안에서, 음정의 변화로 인해 생기는 소리의 차이를 느끼는 것이 중요합니다.

1. 음정을 들은 후, 펼친 음을 따라 불러보세요. 시 청 B7-1

2. 주어진 음정을 들어보세요. 청 B7-2

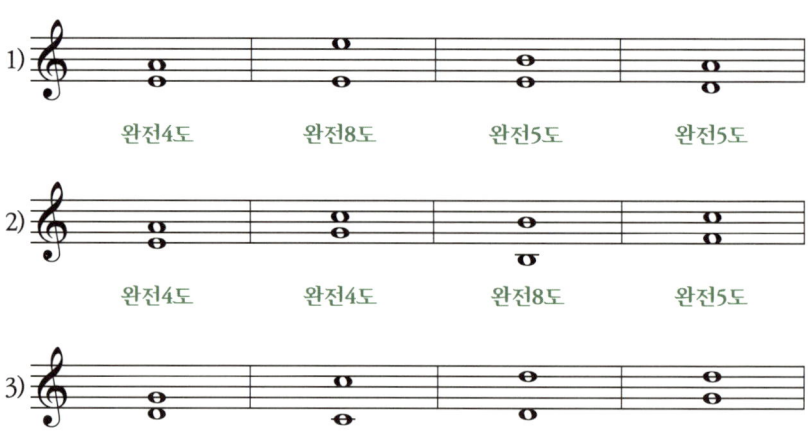

3. 아래 음을 듣고, 주어진 음정이 되도록 위의 음을 불러보세요. 시 청 B7-3

1)

완전8도   완전4도   완전5도   완전4도

2)

완전5도   완전8도   완전4도   완전5도

▶*check*

4. 들리는 음정의 이름을 적고, 악보에 그려보세요.   청 B7-4

1)

2)

3)

▶*check*

5. 소리를 듣고, 음정이 다른 하나를 고르세요.   청 B7-5

1)   ①   ②   ③   ④

2)   ①   ②   ③   ④

7화음(7th) : M7, 7

메이저 코드에 장7도, 단7도를 추가한 **7화음**을 연습합니다. 추가하는 7음이 장7도냐 단7도냐에 따라서 달라지는 소리에 유의해야 합니다. **M7 코드**는 환상적인 느낌을 주고, **7 코드**는 4도 상행하려고 하는 느낌을 줍니다. (코드에 대한 표현은 저자의 개인적인 의견입니다)

1. 코드를 들은 후, 펼친 화음을 불러보세요. 시 청 C7-1

2. 주어진 화음을 들어보세요. 청 C7-2

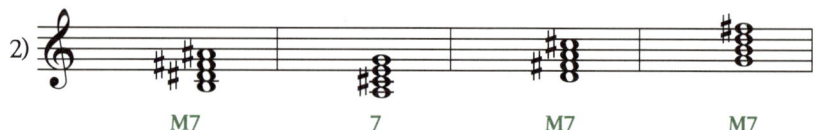

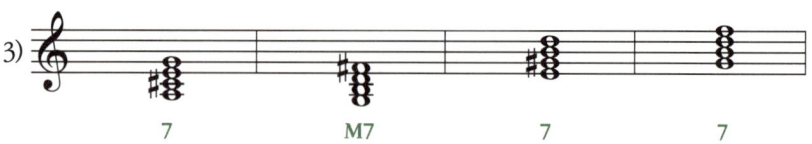

3. 근음을 듣고, 주어진 화음의 구성음을 각각 불러보세요.　시　청　C7-3

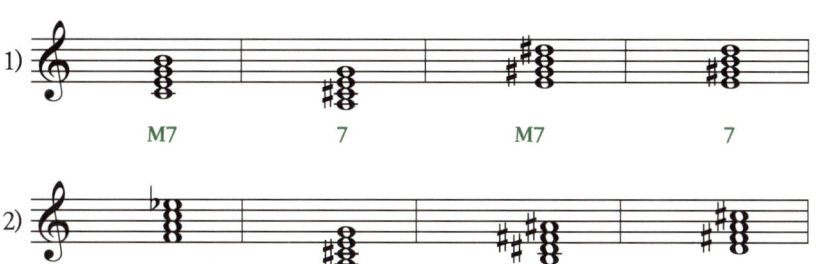

1)
　　M7　　　　　7　　　　M7　　　　　7

2)
　　7　　　　　7　　　　M7　　　　M7

▶ *check*

4. 표시된 근음을 참고하여, 코드 이름과 구성음을 적어보세요.　청　C7-4

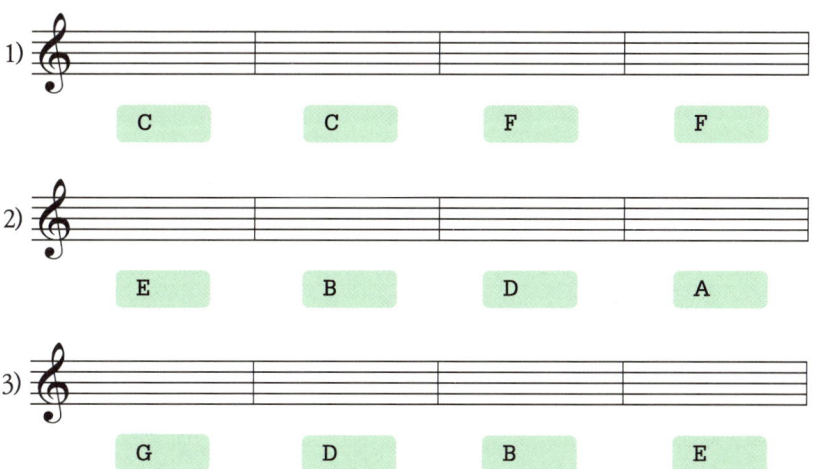

1)
　　C　　　　　C　　　　F　　　　F

2)
　　E　　　　　B　　　　D　　　　A

3)
　　G　　　　　D　　　　B　　　　E

▶ *check*

5. 소리를 듣고, 코드의 종류가 다른 하나를 고르세요.　청　C7-5

1)　　①　　　②　　　③　　　④

2)　　①　　　②　　　③　　　④

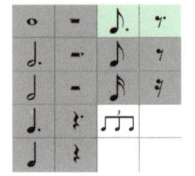

음의 길이 : 점8분 음표

3/4 길이인 **점8분 음표**와 **쉼표**를 추가해서 리듬을 연습합니다. **점8분 음표**와 **16분 음표**가 만들 수 있는 2가지의 리듬 패턴을 외우면 쉽게 익힐 수 있습니다.

1. 소리를 들으면서, 점8분 음표 리듬 패턴을 따라해 보세요. 시 청 D7-1

2. 악보의 리듬을 들으면서, 계이름 [솔]로 불러보세요. 시 청 D7-2

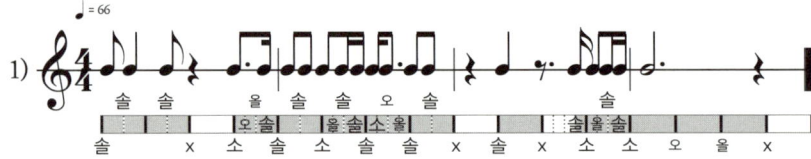

3. 첫 음을 듣고, 템포에 맞춰 악보를 불러보세요. 시 D7-3

▶ *check*

4. 리듬을 듣고, 적어보세요.　청 D7-4

1)

2)

▶ *check*

5. 들려주는 음과 리듬을 적어보세요.　청 D7-5

1)

2)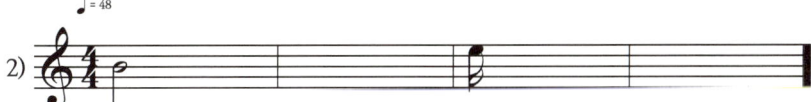

3)

4)

6. 붙임줄에 유의하여 악보의 리듬을 들으면서, [솔]로 불러보세요. 시 청 D7-6

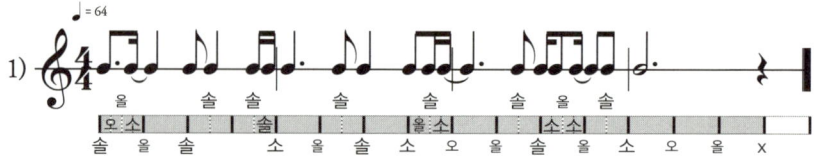

7. 첫 음을 듣고, 템포에 맞춰 악보를 불러보세요. 시 D7-7

▶ *check*

8. 리듬을 듣고, 적어보세요.   청 D7-8

▶ *check*

9. 들려주는 음과 리듬을 적어보세요.   청 D7-9

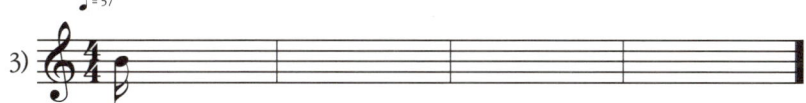

Ionina	도레미파솔라시도
Dorian	레미파솔라시도레
Phrygian	미파솔라시도레미
Lydian	파솔라시도레미파
Mixolydian	솔라시도레미파솔
Aeolian	라시도레미파솔라
Locrian	시도레미파솔라시
Jazz Minor	라시도레미파쉘솔

모드(Mode) : Mixolydian

Mixolydian은 '솔라시도레미파솔'로 부르면 보다 쉽게 연습할 수 있습니다. 익숙해지면 '아'로 부릅니다.

1. 다음 Mode를 듣고, 따라 불러보세요. 시 청 E7-1

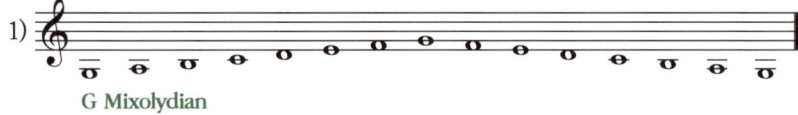

G Mixolydian

C Mixolydian

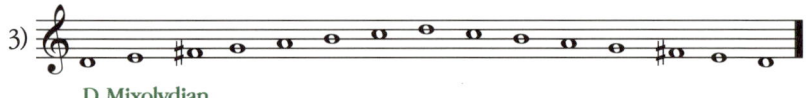

D Mixolydian

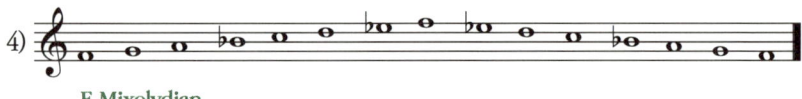

F Mixolydian

2. 첫 음을 듣고, 다음 Mode(또는 Scale)를 불러보세요. 시 E7-2

① Mixolydian　　　　② Natural Minor Scale
③ Major Scale　　　　④ Melodic Minor Scale

① Mixolydian　　　　② Ionian
③ Harmonic Minor Scale　　④ Natural Minor Scale

▶ *check*

3. Mode(또는 Scale)를 들은 후, 빈 곳에 음표를 넣고 이름을 적어보세요. 청 E7-3

1)

2)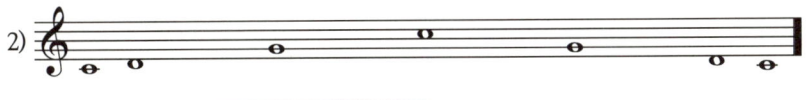

3)

4)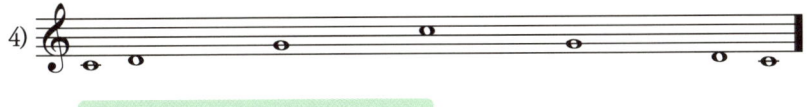

▶ *check*

4. 소리를 듣고, Mixolydian을 고르세요. 청 E7-4

1)   ①   ②   ③   ④

2)   ①   ②   ③   ④

2도		II°/IIm	II°/IIIm	IIm/IV		II°/VIm
S.D		V7/IIm	V7/IIIm	V7/IV	V7/V	V7/VIm
Diatonic	I	IIm	IIIm	IV	V	VIm
Modal				IVm		VI	VII

코드진행(Chord Progression) : Secondary Dominant

Non Diatonic(넌 다이아토닉)인 Secondary Dominant(세컨더리 도미넌트)가 추가된 진행을 연습합니다. 처음에는 Diatonic과 Non Diatonic을 구분하는 연습이 필요합니다.

1. 다음 코드 진행을 들어보세요. 청 F7-1

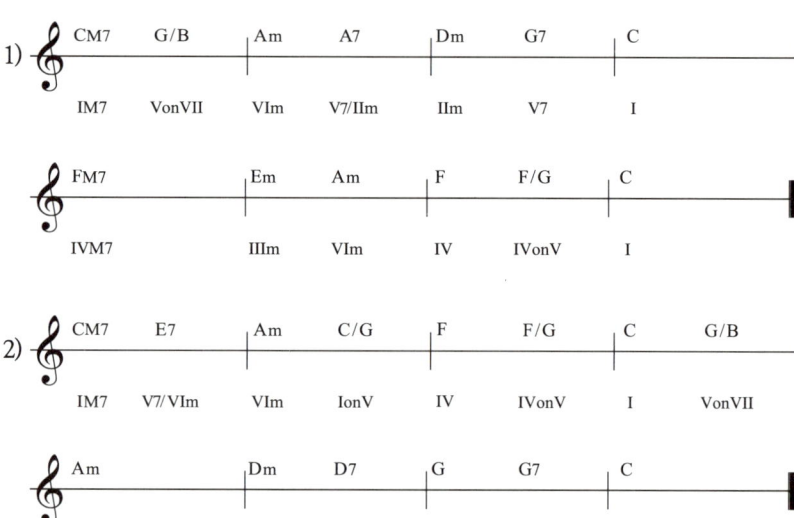

2. 들리는 코드 진행에 맞춰, 코드의 근음을 불러보세요. 시 청 F7-2

* 자신의 음역대에 따라 근음의 옥타브를 바꿔 연습해도 괜찮습니다.

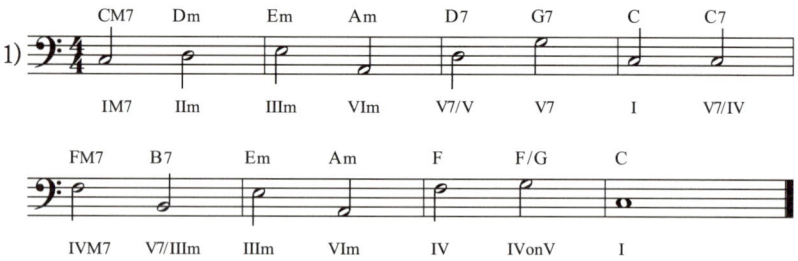

▶ *check*

3. 코드 진행을 듣고, 코드의 근음(혹은 가장 낮은 음)을 적어보세요. 청 F7-3

1)

▶ *check*

4. 코드 진행을 듣고, 코드와 도수를 적어보세요. 청 F7-4

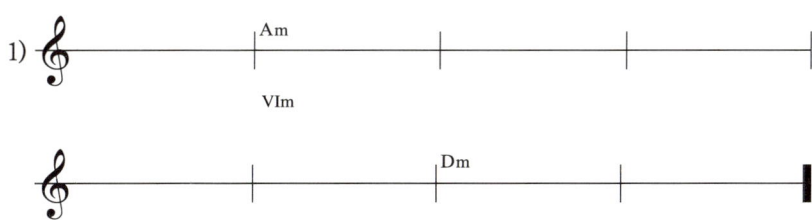

1)

Am

VIm

Dm

IIm

▶ *check*

5. 진행을 듣고, 세컨더리 도미넌트가 나오지 않는 진행을 고르세요. 청 F7-5

1)   ①   ②   ③   ④

2)   ①   ②   ③   ④

악기(Instrument) : 브라스(Brass)

I. 음색 (Voice)

　　브라스(Brass)는 금관 악기를 통칭하는 말이지만, 실용음악에서는 주로 트럼펫(Trumpet), 색소폰(Saxophone), 트롬본(Trombone)을 동시에 연주하는 의미로 사용됩니다. 여러 악기가 동시에 연주되어 소리가 풍성하고 음역대가 넓습니다. 트럼펫, 색소폰, 트롬본 순으로 음역대가 낮은 소리를 냅니다.

브라스(Brass)	특징
트럼펫(Trumpet)	화려하고 밝은 소리를 냄
색소폰(Saxophone)	독특한 울림이 있으며 Jazz에 자주 사용
트롬본(Trombone)	부드럽고 중후한 소리를 냄

1. 다음 브라스(Brass) 소리를 들어보세요.　　　청 G7-1

　1) 브라스(Brass)　　　2) 트럼펫(Trumpet)
　3) 색소폰(Saxophone)　4) 트롬본(Trombone)

▶ check

2. 보기를 듣고, 브라스(Brass) 소리를 고르세요.　　청 G7-2

①　　②　　③　　④

3. 보기를 듣고, 트롬본(Trombone) 소리를 고르세요.　　청 G7-3

①　　②　　③　　④

II. 주법 (Playing Styles)

대표적인 브라스 주법은 음표 길이대로 연주하는 레가토(Legato), 짧게 부는 스타카토(Staccato), 세게 부는 스포르찬도(Sforzando / 다음에는 보통 크레센도를 함), 첫 음을 불고 떨어지는 브라스 폴(Brass fall), 2도 차이가 나는 음을 먼저 짧게 부는 그레이스 노트(Grace note)가 있습니다.

4. 다음 브라스(Brass) 주법을 들어보세요.　　청 G7-4

1) 레가토(Legato)　　2) 스타카토(Staccato)　　3) 스포르찬도(Sforzando)
4) 브라스 폴(Brass fall)　　5) 그레이스 노트(Grace note)

5. 다음 브라스(Brass) 연주를 들어보세요.　　청 G7-5

1) 패드(Pad)　　2) 라인(Line)

▶ *check*

6. 보기를 듣고, 스포르찬도 주법을 고르세요.　　청 G7-6

① 　　② 　　③ 　　④

7. 보기를 듣고, 라인(Line) 주법을 고르세요.　　청 G7-7

① 　　② 　　③ 　　④

Chapter

VIII

45-50강

unit A8 음의 높이 : 시♭

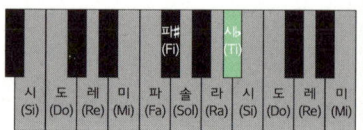

1옥타브 도, 레, 미, 라, 시와 반음계인 시♭을 연습합니다. 반음계인 시♭에 주의해 보세요.

*시♭을 [티]로 부릅니다.

1. 음을 듣고 악보를 보면서, 따라 불러보세요. 시 청 A8-1

1)

2)

3)

4)

2. 악보의 음을 정확하게 불러보세요. 시 A8-2

1)

2)

check

3. 음을 듣고, 악보에 적어보세요. 청 A8-3

1)

2)

3)

4)

 check

4. 음을 듣고, 시♭을 고르세요. 청 A8-4

1)   ①   ②   ③   ④

2)   ①   ②   ③   ④

음의 간격(Interval) : 장음정

단2	단3	완전4	완전5	단6	단7	완전8
장2	장3	증4	감5	장6	장7	

장음정을 연습합니다. 장음정이 가지고 있는 분위기 안에서, 음정의 변화로 인해 생기는 소리의 차이를 느끼는 것이 중요합니다.

1. 음정을 들은 후, 펼친 음을 따라 불러보세요.   시 청 B8-1

2. 주어진 음정을 들어보세요.   청 B8-2

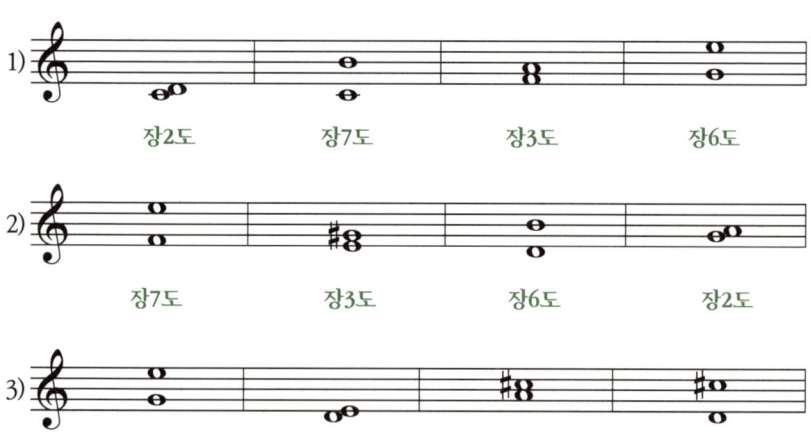

3. 아래 음을 듣고, 주어진 음정이 되도록 위의 음을 불러보세요. 시 청 B8-3

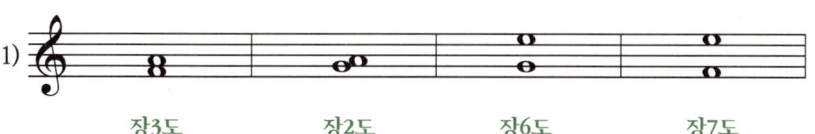

| 장3도 | 장2도 | 장6도 | 장7도 |

| 장7도 | 장6도 | 장2도 | 장3도 |

▶ *check*

4. 들리는 음정의 이름을 적고, 악보에 그려보세요. 청 B8-4

1)

2)

3)

▶ *check*

5. 소리를 듣고, 장6도를 고르세요. 청 B8-5

1) ① ② ③ ④
2) ① ② ③ ④

화음 : sus4, 2, 6, m6

sus4, 2, 6, m6 코드를 연습합니다. 2, 6, m6는 메이저와 마이너 코드에 2음과 6음을 추가한 형식이어서 풍성한 느낌을 주고, sus4는 메이저 코드의 3음 대신 4음이 쓰였기 때문에 다시 3음으로 내려 가려는 느낌을 줍니다. (코드에 대한 표현은 저자의 개인적인 의견입니다.)

1. 코드를 들은 후, 펼친 화음을 불러보세요.

2. 주어진 화음을 들어보세요.

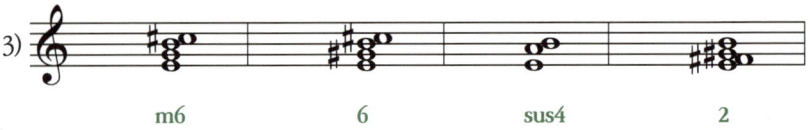

3. 근음을 듣고, 주어진 화음의 구성음을 각각 불러보세요.   시 청 C8-3

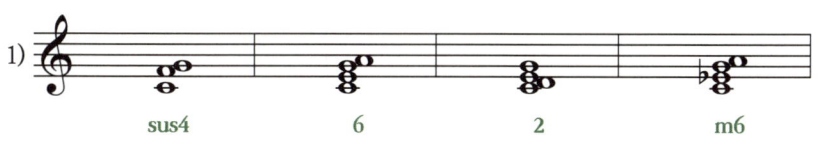

1)   sus4   6   2   m6

2)   6   2   m6   sus4

▶ *check*

4. 표시된 근음을 참고하여, 코드 이름과 구성음을 적어보세요.   청 C8-4

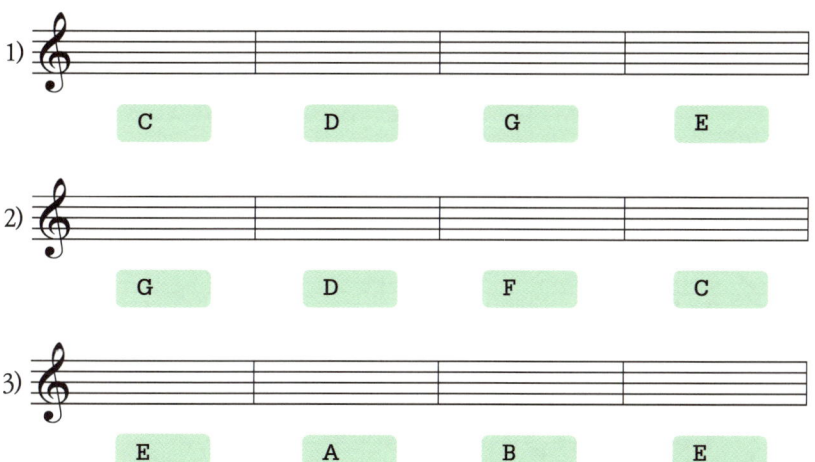

1)   C   D   G   E

2)   G   D   F   C

3)   E   A   B   E

▶ *check*

5. 소리를 듣고, sus4 코드를 고르세요.   청 C8-5

1)   ①   ②   ③   ④

2)   ①   ②   ③   ④

음의 길이 : 셋잇단 음표

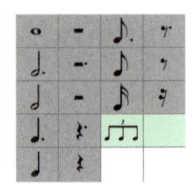

1/3박 길이가 3연음으로 나오는 **8분 셋잇단 음표**를 추가해서 리듬을 연습합니다. **셋잇단 음표**는 1/3박 길이를 3연음으로 표현하기 때문에 독특한 느낌을 줍니다.

1. 소리를 들으면서, 8분음표 셋잇단음 리듬 패턴을 따라해 보세요. 시 청 D8-1

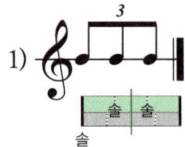

2. 악보의 리듬을 들으면서, 계이름 [솔]로 불러보세요. 시 청 D8-2

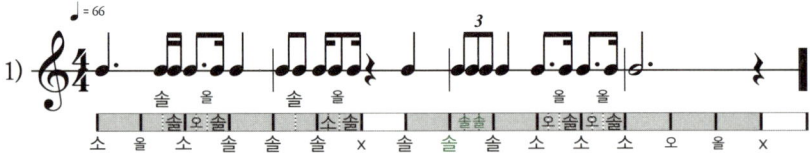

3. 첫 음을 듣고, 템포에 맞춰 악보를 불러보세요. 시 D8-3

▶ *check*

4. 리듬을 듣고, 적어보세요. 청 D8-4

1)

2)

▶ *check*

5. 들려주는 음과 리듬을 적어보세요. 청 D8-5

1)

2)

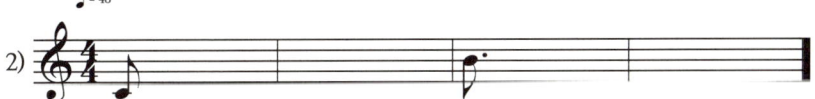

3)

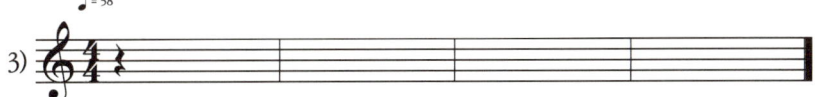

4)

6. 붙임줄에 유의하여 악보의 리듬을 들으면서, [솔]로 불러보세요. 시 청 D8-6

7. 첫 음을 듣고, 템포에 맞춰 악보를 불러보세요. 시 D8-7

▶*check*

8. 리듬을 듣고, 적어보세요. 청 D8-8

▶*check*

9. 들려주는 음과 리듬을 적어보세요. 청 D8-9

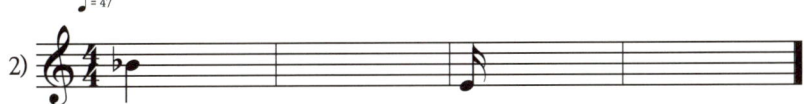

Ionina	도레미파솔라시도
Dorian	레미파솔라시도레
Phrygian	미파솔라시도레미
Lydian	파솔라시도레미파
Mixolydian	솔라시도레미파솔
Aeolian	라시도레미파솔라
Locrian	시도레미파솔라시
Jazz Minor	라시도레미파쉘라

unit E8 모드(Mode) : Locrian

Locrian(로크리안)은 '시도레미파솔라시'로 부르면 보다 쉽게 연습할 수 있습니다. 익숙해지면 '아'로 부릅니다.   *Aeolian은 Natural Minor Scale과 동일하여 생략합니다.

1. 다음 Mode를 듣고, 따라 불러보세요. 시 청

1)
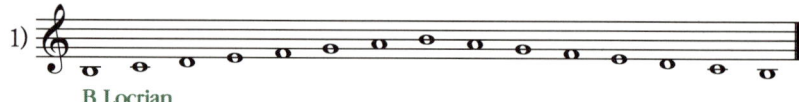
B Locrian

2)
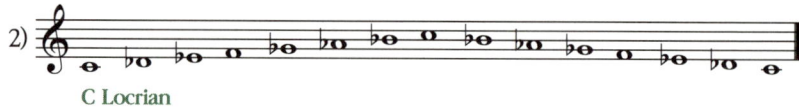
C Locrian

3)

D Locrian

4)
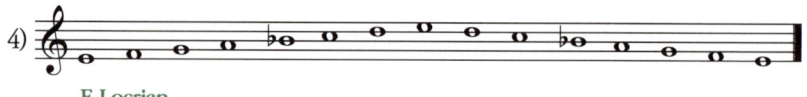
E Locrian

2. 첫 음을 듣고, 다음 Mode(또는 Scale)를 불러보세요. 시

1)

① Locrian   ② Harmonic Minor Scale
③ Melodic Minor Scale   ④ Ionian

2)

① Locrian   ② Natural Minor Scale
③ Major Scale   ④ Harmonic Minor Scale

▶ *check*

3. Mode(또는 Scale)를 들은 후, 빈 곳에 음표를 넣고 이름을 적어보세요. 청 E8-3

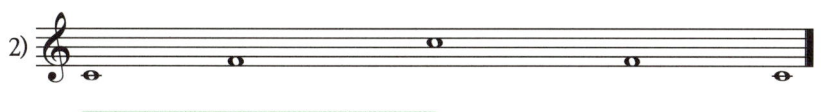

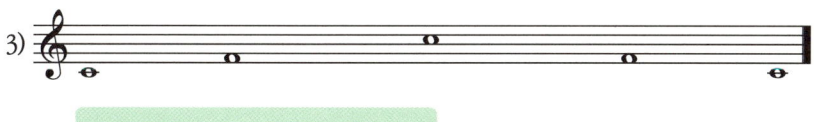

▶ *check*

4. 소리를 듣고, Locrian을 고르세요. 청 E8-4

1)　　①　　②　　③　　④

2)　　①　　②　　③　　④

unit F8 코드진행(Chord Progression) : Modal Interchange

Modal Interchange(모달 인터체인지)를 추가하여 8마디 진행을 연습합니다.
Modal Interchange는 다이아토닉에 비해서 어둡고 모호한 느낌을 줍니다.

(코드에 대한 표현은 저자의 개인적인 의견입니다.)

1. 다음 코드 진행을 들어보세요. 청 F8-1

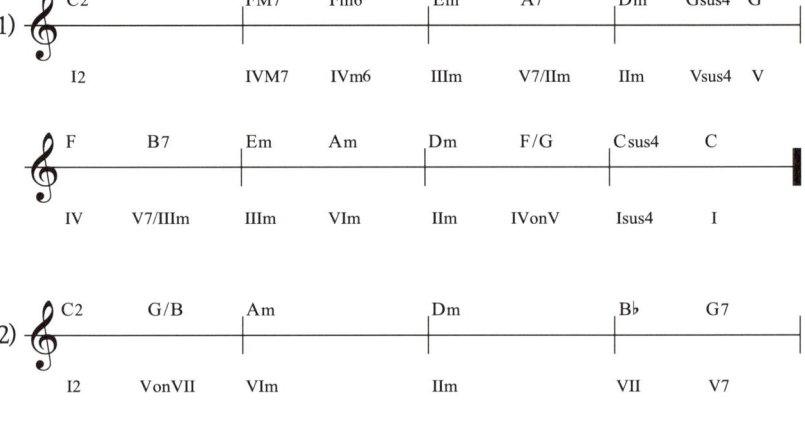

2. 들리는 코드 진행에 맞춰, 코드의 근음을 불러보세요. 시 청 F8-2

* 자신의 음역대에 따라 근음의 옥타브를 바꿔 연습해도 괜찮습니다.

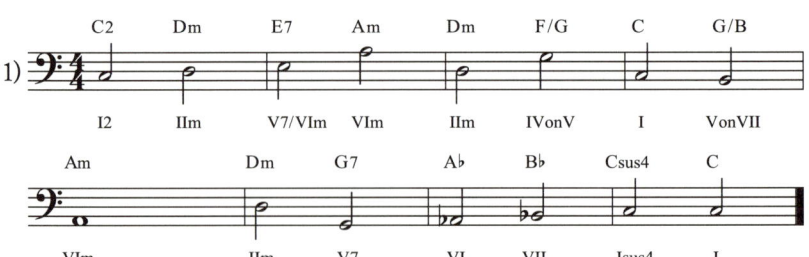

▶ *check*

3. 코드 진행을 듣고, 코드의 근음(혹은 가장 낮은 음)을 적어보세요. 청 F8-3

1)

▶ *check*

4. 코드 진행을 듣고, 코드와 도수를 적어보세요. 청 F8-4

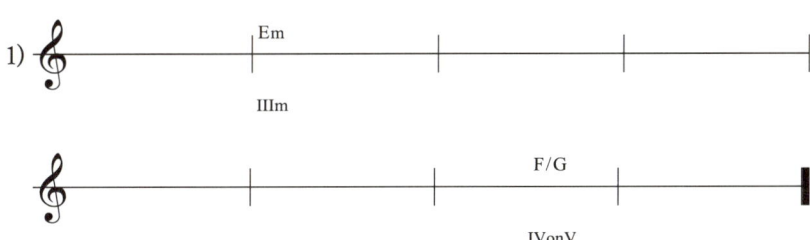

1) Em

IIIm

F/G

IVonV

▶ *check*

5. 진행을 듣고, 모달 인터체인지가 나오는 진행을 고르세요. 청 F8-5

1)   ①   ②   ③   ④

2)   ①   ②   ③   ④

unit G8 악기(Instrument) : 리드(Lead)

I. 음색 (Voice)

리드(Lead)는 단음으로 연주하는 악기를 말합니다. 실용음악에서는 플루트(Flute), 오보에(Oboe), 신스 리드(Synth Lead)를 주로 사용합니다. 플루트(Flute)는 고음역대의 밝은 소리기 나고, 오보에(Oboe)는 중음 역대의 따뜻한 소리기 납니다. 신스 리드(Synth Lead)는 전자음을 냅니다.

구분	특징
플루트(Flute)	고음역대의 밝은 소리를 냄
오보에(Oboe)	중음역대의 따뜻한 소리를 냄
신스 리드(Synth Lead)	다양한 전자음을 냄

1. 다음 악기 소리를 들어보세요.   청 G8-1

1) 플루트(Flute)   2) 오보에(Oboe)   3) 신스 리드(Synth Lead)

▶ *check*

2. 보기를 듣고, 플루트(Flute) 소리를 고르세요.   청 G8-2

① ② ③ ④

3. 보기를 듣고, 신스 리드(Synth Lead) 소리를 고르세요.   청 G8-3

① ② ③ ④

II. 주법 (Playing Styles)

리드(Lead) 악기는 한 개의 악기가 단선율을 담당하기 때문에 기본적으로 라인(Line)으로 연주합니다. 그래서 피치 밴드(Pitch bend)를 이용한 연주를 자주 사용합니다. 피치 밴드(Pitch bend)를 활용하면 2도 음정을 부드럽게 연주할 수 있습니다.

* Pitch bend : 연주하는 음의 피치를 상하로 변화시키는 신디사이저의 기능

4. 다음 피치 밴드 유무에 따른 악기 소리를 들어보세요. 청

> 1) 플루트(Flute)　　　　2) 오보에(Oboe)　　　　3) 신스 리드(Synth Lead)

▶ *check*

5. 보기를 듣고, 피치 밴드를 적용한 플루트(Flute) 소리를 고르세요. 청 G8-5

　① 　　② 　　③ 　　④

6. 보기를 듣고, 피치 밴드를 적용한 신스 리드 소리를 고르세요. 청 G8-6

　① 　　② 　　③ 　　④

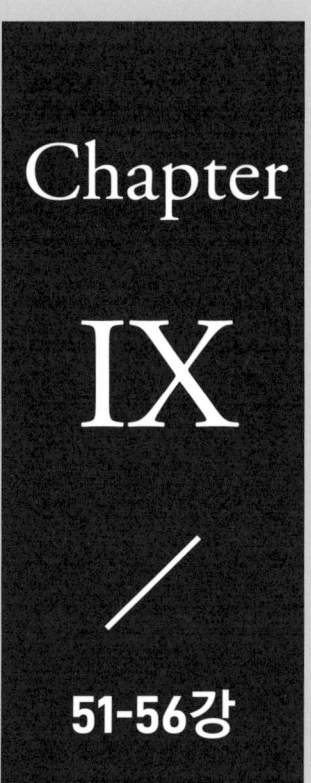

Chapter

IX

/

51-56강

음의 높이 : 파#

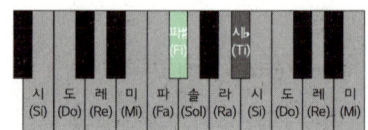

1옥타브 아래 시, 1옥타브 도, 레, 미, 솔, 시와 반음계인 **파#**을 연습합니다. 반음
계인 **파#**에 주의해보세요   * 파#을 [피]로 부릅니다.

1. 음을 듣고 악보를 보면서, 따라 불러보세요.   시 청

2. 악보의 음을 정확하게 불러보세요.   시 A9-2

▶ *check*

3. 음을 듣고, 악보에 적어보세요. 청 A9-3

1)

2)

3)

4)

▶ *check*

4. 음을 듣고, 파♯을 고르세요. 청 A9-4

1)　　①　　　②　　　③　　　④

2)　　①　　　②　　　③　　　④

음의 간격(Interval) : 단음정

단2	단3	완전4	완전5	단6	단7	완전8
장2	장3	증4	감5	장6	장7	

　　단음정을 연습합니다. **단음정**이 가지고 있는 분위기 안에서, 음정의 변화로 인해 생기는 소리의 차이를 느끼는 것이 중요합니다.

1. 음정을 들은 후, 펼친 음을 따라 불러보세요.　　시 청 B9-1

2. 주어진 음정을 들어보세요.　　청 B9-2

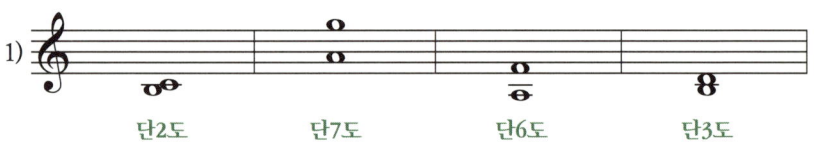

3. 아래 음을 듣고, 주어진 음정이 되도록 위의 음을 불러보세요. 시 청 B9-3

1) 단3도 단6도 단3도 단7도

2) 단6도 단2도 단7도 단3도

▶*check*

4. 들리는 음정의 이름을 적고, 악보에 그려보세요. 청 B9-4

1)

2)

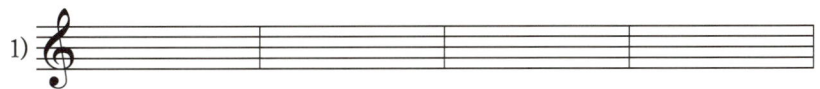

3)

▶*check*

5. 소리를 듣고, 단6도를 고르세요. 청 B9-5

1) ① ② ③ ④

2) ① ② ③ ④

7화음(7th) : m7, m7(♭5), dim7

m7, m7(♭5), dim7을 연습합니다. 이 코드들은 구성음의 간격이 좁아서 전체적으로 어두운 느낌을 줍니다. m7 보다는 m7(♭5)가 더 어둡고, dim7은 불안한 느낌까지 줍니다.

(코드에 대한 표현은 저자의 개인적인 의견입니다.)

1. 코드를 들은 후, 펼친 화음을 불러보세요.

2. 주어진 화음을 들어보세요.

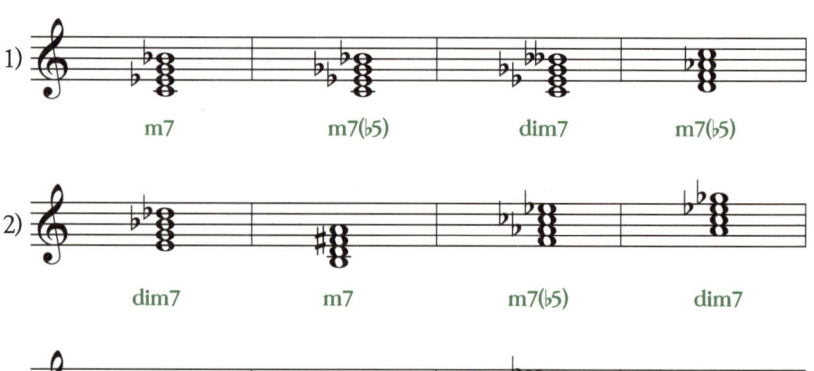

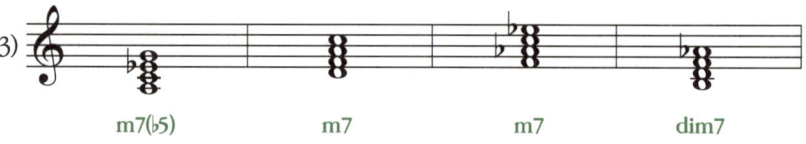

3. 근음을 듣고, 주어진 화음의 구성음을 각각 불러보세요.   시   청   C9-3

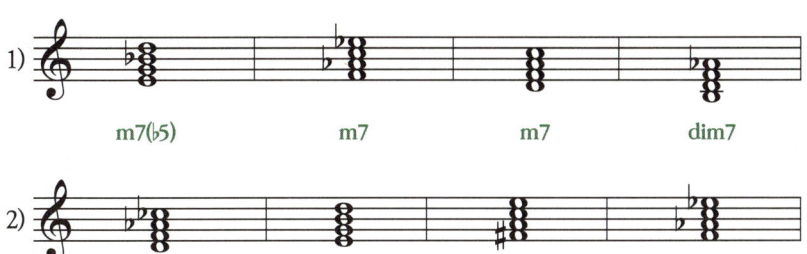

1) m7(♭5)   m7   m7   dim7

2) dim7   m7   m7(♭5)   m7

▶ *check*

4. 표시된 근음을 참고하여, 코드 이름과 구성음을 적어보세요.   청   C9-4

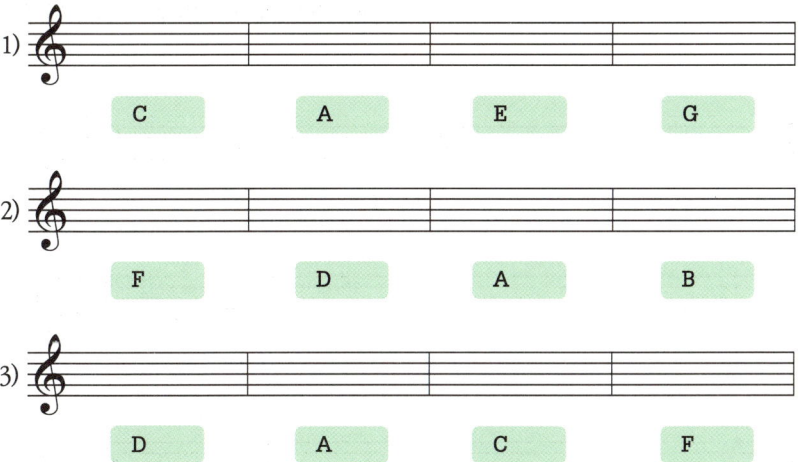

1)   C   A   E   G

2)   F   D   A   B

3)   D   A   C   F

▶ *check*

5. 소리를 듣고, m7(♭5)를 고르세요.   청   C9-5

1)   ①   ②   ③   ④

2)   ①   ②   ③   ④

unit D9 음의 길이 : 2/4, 3/4, 6/8

2/4, 3/4, 6/8박 을 연습합니다. 각 박자 별로 자주 사용되는 리듬 형태에 주의해보세요.

1. 악보의 리듬을 들으면서, 계이름 [솔]로 불러보세요. 시 청 D9-1

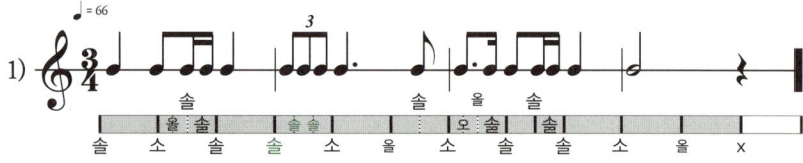

2. 첫 음을 듣고, 템포에 맞춰 악보를 불러보세요. 시 D9-2

▶ *check*

3. 리듬을 듣고, 적어보세요.   청 D9-3

▶ *check*

4. 들려주는 음과 리듬을 적어보세요.   청 D9-4

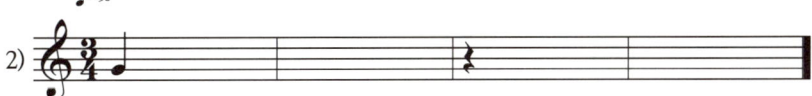

5. 붙임줄에 유의하여 악보의 리듬을 들으면서, [솔]로 불러보세요. 시 청 D9-5

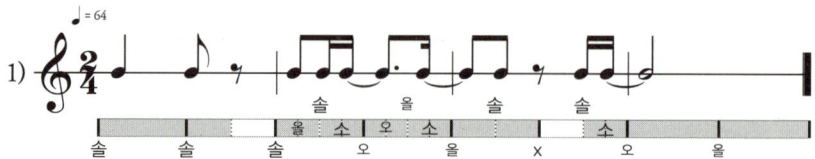

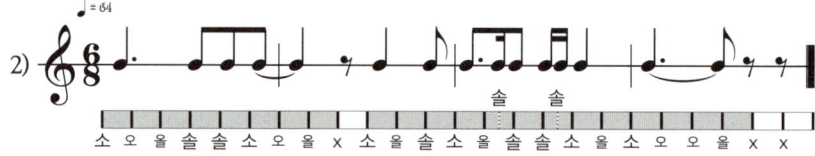

6. 첫 음을 듣고, 템포에 맞춰 악보를 불러보세요. 시 D9-6

▶*check*

7. 리듬을 듣고, 적어보세요.　　　　　　　　　청 D9-7

▶*check*

8. 들려주는 음과 리듬을 적어보세요.　　　　　　청 D9-8

모드(Mode) : Jazz Minor

unit E9

Ionian	도레미파솔라시도
Dorian	레미파솔라시도레
Phrygian	미파솔라시도레미
Lydian	파솔라시도레미파
Mixolydian	솔라시도레미파솔
Aeolian	라시도레미파솔라
Locrian	시도레미파솔라시
Jazz Minor	라시도레미피쉘라

　Jazz Minor(재즈 마이너)는 가락단음계의 상행과 동일합니다. 주의할 점은 상행, 하행시 모두 같은 음으로 불러야 합니다. **'라시도레미피쉘라'**로 부르면 쉽게 연습할 수 있습니다. 익숙해지면 '아'로 부릅니다. 　*파#은 [피]로, 솔#은 [쉘]로 발음합니다.

1. 다음 Mode를 듣고, 따라 불러보세요. 　시 청

A Jazz Minor

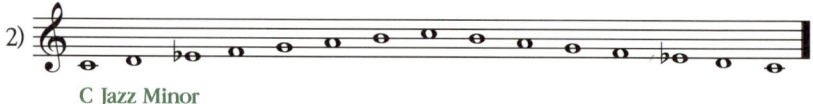

C Jazz Minor

D Jazz Minor

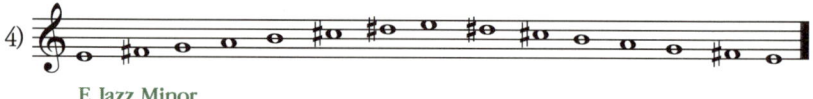

E Jazz Minor

2. 첫 음을 듣고, 다음 Mode(또는 Scale)를 불러보세요. 　시

① Jazz Minor　　　② Melodic Minor Scale
③ Major Scale　　　④ Natural Minor Scale

① Jazz Minor　　　② Harmonic Minor Scale
③ Melodic Minor Scale　　　④ Ionian

▶*check*

3. Mode(또는 Scale)를 들은 후, 빈 곳에 음표를 넣고 이름을 적어보세요. 청 E9-3

1)
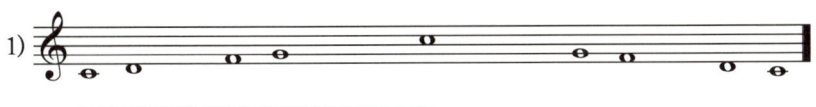

2)

3)
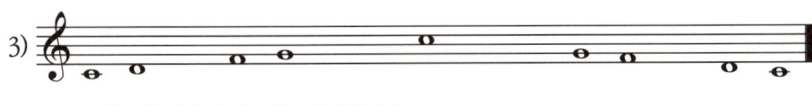

4)
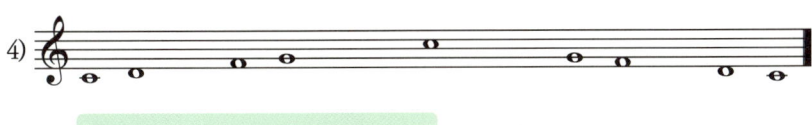

▶*check*

4. 소리를 듣고, Jazz Minor를 고르세요.

1)　　①　　　②　　　③　　　④

2)　　①　　　②　　　③　　　④

unit F9 코드진행(Chord Progression) : 넌다이아토닉 2-5-1

넌 다이아토닉(Non Diatonic)으로 2-5-1을 추가하여 8마디 진행을 연습합니다.

1. 다음 코드 진행을 들어보세요.

 청 F9-1

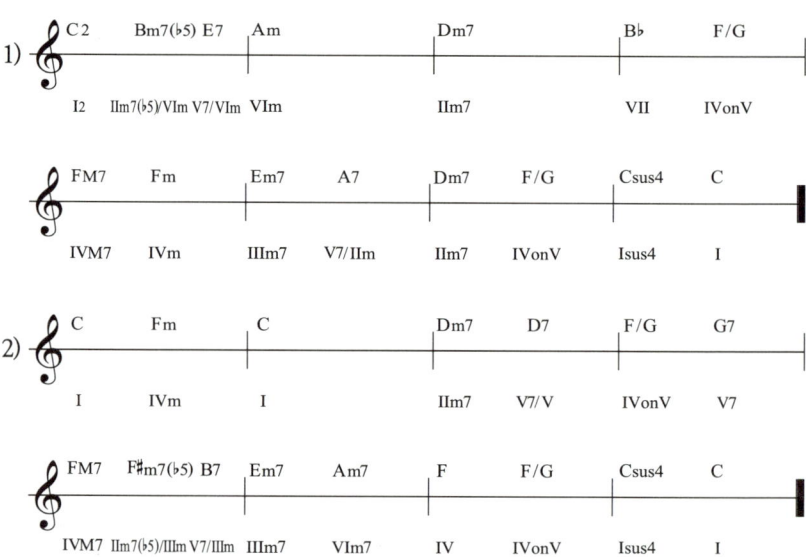

2. 들리는 코드 진행에 맞춰, 코드의 근음을 불러보세요.

시 청  F9-2

* 자신의 음역대에 따라 근음의 옥타브를 바꿔 연습해도 괜찮습니다.

▶ *check*

3. 코드 진행을 듣고, 코드의 근음(혹은 가장 낮은 음)을 적어보세요. 청 F9-3

1)

▶ *check*

4. 코드 진행을 듣고, 코드와 도수를 적어보세요. 청 F9-4

1)

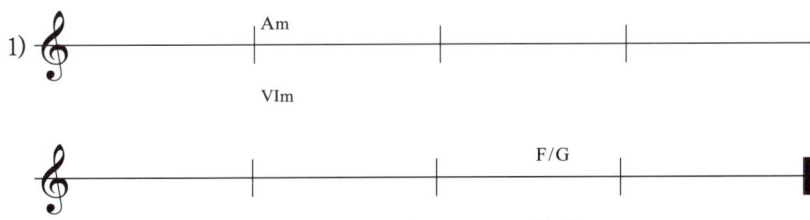

▶ *check*

5. 진행을 듣고, [넌 다이아토닉 2-5-1]이 나오지 않는 진행을 고르세요. 청 F9-5

1)   ①   ②   ③   ④

2)   ①   ②   ③   ④

악기(Instrument) : 오르간(Organ), 클라비넷(Clavinet)

I. 음색 (Voice)

오르간(Organ)과 클라비넷(Clavinet)도 실용음악에서 많이 사용하는 키보드 악기입니다. 흑인 음악에서 자주 들을 수 있습니다. 모듈레이션(Modulation) 유무에 따라 오르간과 클라비넷의 소리는 달라집니다

*오르간은 현장에서 [올겐]이라고 발음하는 편입니다.

구분	특징
오르간(Organ)	실용음악에서는 전자 오르간을 사용. 대표적으로 하몬드 오르간이 있음
클라비넷(Clavinet)	전자 키보드의 한 종류로 현을 때려서 나는 듯한 소리를 냄. 정확하고 분명한 느낌

1. 다음 악기 소리를 들어보세요.　　　　　　　　청 G9-1

　1) 오르간(Organ)　　　　　2) 클라비넷(Clavinet)

2. 다음 모듈레이션 유무에 따른 악기 소리를 들어보세요.　　청 G9-2

　1) 오르간(Organ)　　　　　2) 클라비넷(Clavinet)

▶ *check*

3. 보기를 듣고, 모듈레이션을 적용한 오르간 소리를 고르세요.　청 G9-3

　①　　　②　　　③　　　④

4. 보기를 듣고, 모듈레이션을 적용한 클라비넷 소리를 고르세요.　청 G9-4

　①　　　②　　　③　　　④

II. 주법 (Playing Styles)

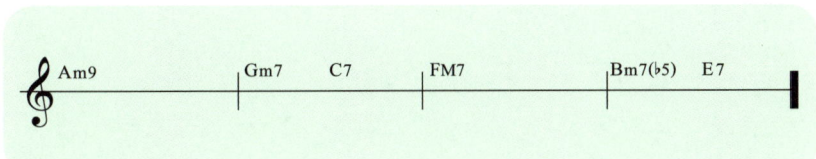

5. 다음 오르간(Organ) 주법을 들어보세요.   청 G9-5

1) 리듬(Rythm)   **2) 라인**(Line)   **3) 글리산도**(Glissando)

* 글리산도(Glissando) : 낮음 음부터 높은 음까지 건반을 미끄러지듯 훑으며 연주

▶ *check*

6. 보기를 듣고, 글리산도(Glissando)가 들어간 오르간 연주를 고르세요.   청 G9-6

   ①   ②   ③   ④

7. 보기를 듣고, 16 Beat 클라비넷 연주를 고르세요.   청 G9-7

   ①   ②   ③   ④

종합
문제

3

7-9
Chapter

종합문제 3

1. 음을 듣고, 악보에 적어보세요. 종 3-1

1)

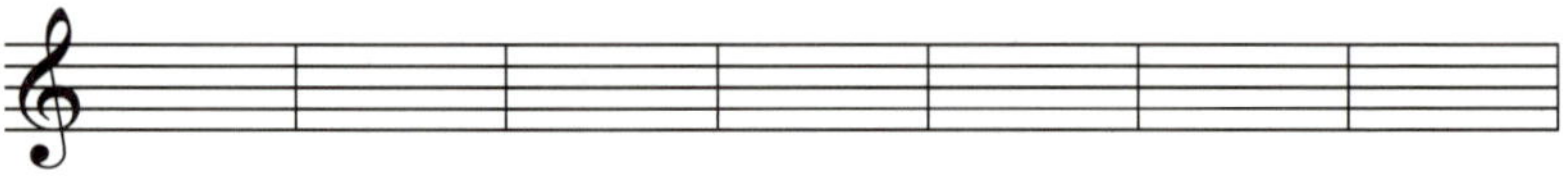

2)

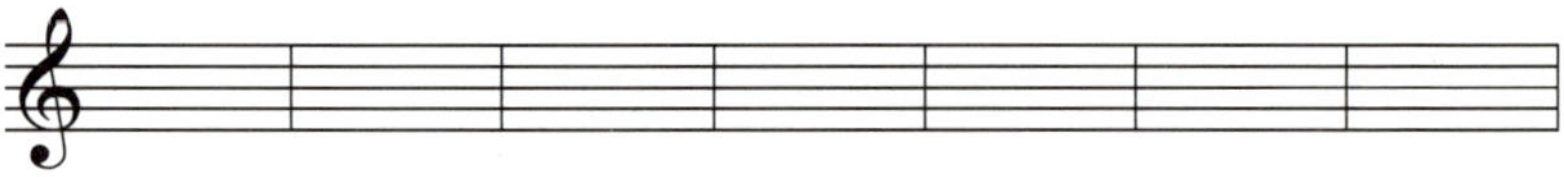

2. 들리는 음정의 이름을 적고, 악보에 그려보세요. 종 3-2

1)

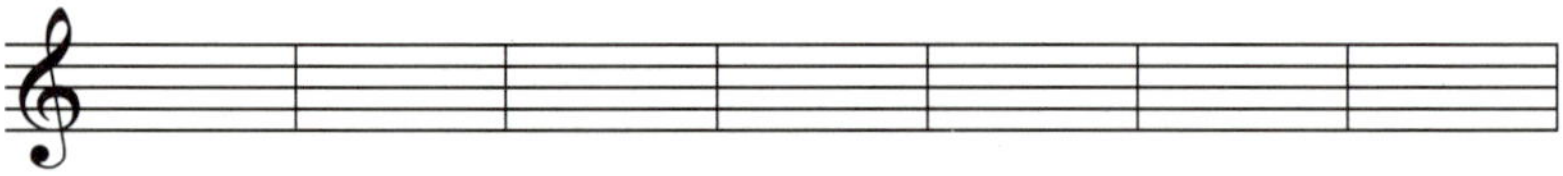

2)

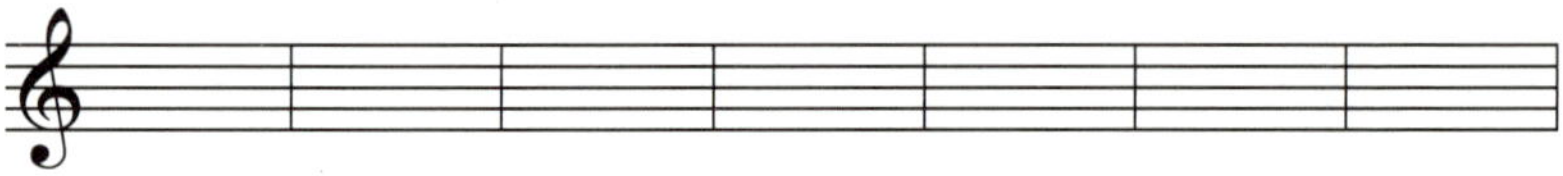

3. 들리는 코드의 이름과 구성음을 적어보세요. 종 3-3

1)

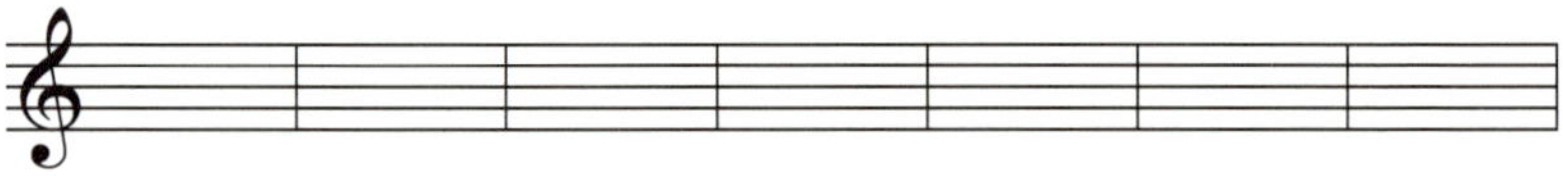

2)

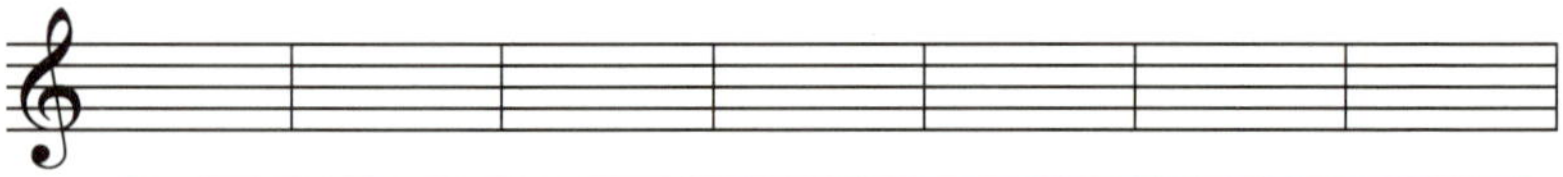

4. 다음 중, 두 번째로 낮은 음을 고르세요.　　　　　　　　　　　　종 3-4

① 　　　② 　　　③ 　　　④

5. 다음 중, 간격이 가장 넓은 음정을 고르세요.　　　　　　　　　종 3-5

① 　　　② 　　　③ 　　　④

6. 다음 중, 7th 코드가 아닌 것을 고르세요.　　　　　　　　　　종 3-6

① 　　　② 　　　③ 　　　④

7. 리듬을 듣고 적어보세요.　　　　　　　　　　　　　　　　　종 3-7

9. 들려주는 음과 리듬을 적어보세요.

종 3-9

1)

2)

3)

4)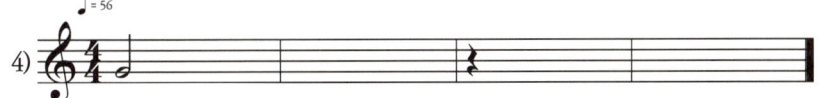

5)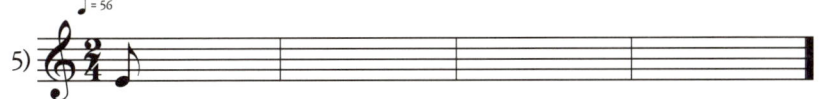

6)

7)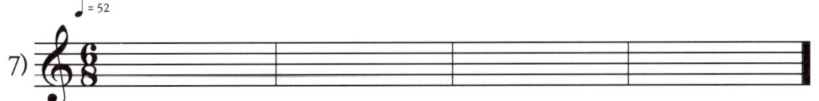

8)

10. 첫 음을 듣고, 다음 Mode를 불러보세요.

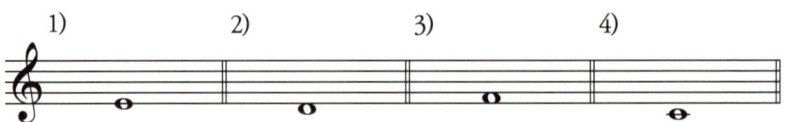

① Mixolydian ② Aeolian

③ Locrian ④ Jazz Minor

11. Mode(또는 Scale)를 들은 후, 빈 곳에 음표를 넣고 이름을 적어보세요.

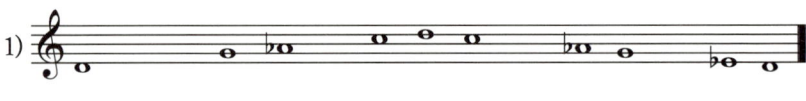

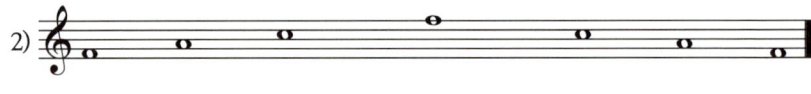

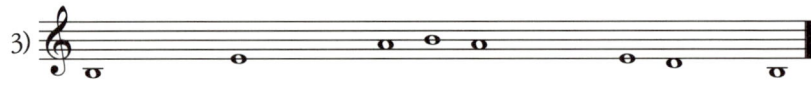

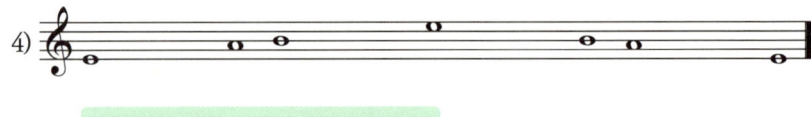

12. 들려주는 연주를 분석해 보세요.　종

1) 코드 진행을 적어보세요.

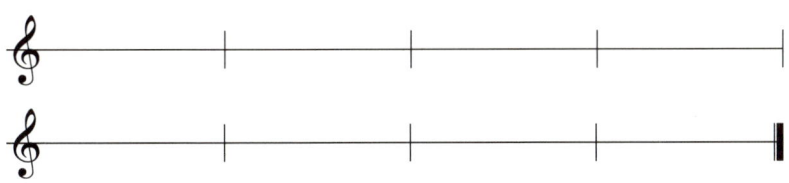

2) 피아노 연주에 대한 바른 설명을 고르세요.

① 라인　　② 리듬(16 Beat)　　③ 아르페지오(8 Beat)　　④ 패턴

3) 베이스 연주에 대한 바른 설명을 고르세요.

① 리듬 위주 - 근음　　② 라인　　③ 리듬(8 Beat)　　④ 리듬(8 Beat) - 뮤트

4) 드럼 연주에서 나오지 않는 소리를 고르세요.

① 킥　　② 스네어　　③ 하이햇　　④ 라이드

5) 일렉 기타 음색에 대한 바른 설명을 고르세요.

① 와우　　② 클린　　③ 백킹　　④ 뮤트

6) 브라스 연주에 대한 틀린 설명을 고르세요.

① 유니즌　　② 화음　　③ 스포르찬도　　④ 브라스 폴

13. 다음 연주에 나오는 리드 악기를 고르세요.　종
① 플루트　　② 오보에　　③ 신스 리드

14. 다음 연주에 나오는 악기를 모두 고르세요.　종
① 드럼　② 어쿠스틱 피아노　③ 일렉 피아노　④ 콘트라베이스　⑤ 통기타
⑥ 일렉 기타　⑦ 오르간　⑧ 클라비넷　⑨ 신스 리드　⑩ 플루트

답안

Chapter 1

A1

3.

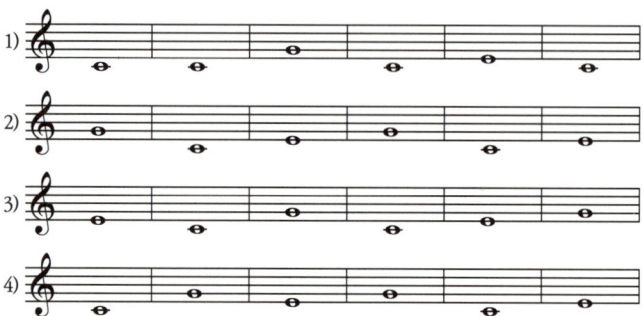

4.

1) ②

2) ③

B1

4.

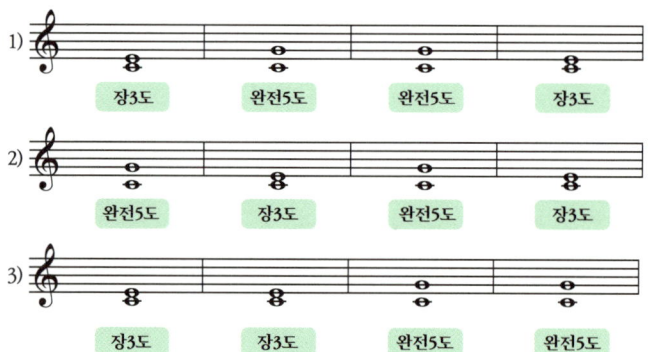

5.

1) ①

2) ③

4.

1)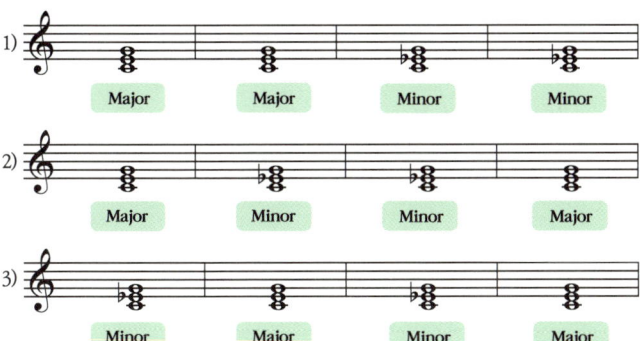

Major   Major   Minor   Minor

2)

Major   Minor   Minor   Major

3)

Minor   Major   Minor   Major

5.

1) ③

2) ②

D1

3.

1)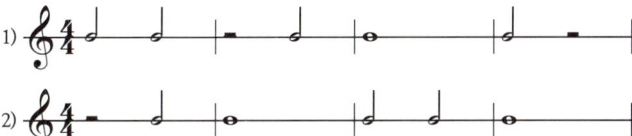

2)

4.

1)

2)

3)

4)

7.

1)

2)

8.

1)

2)

3)

4)

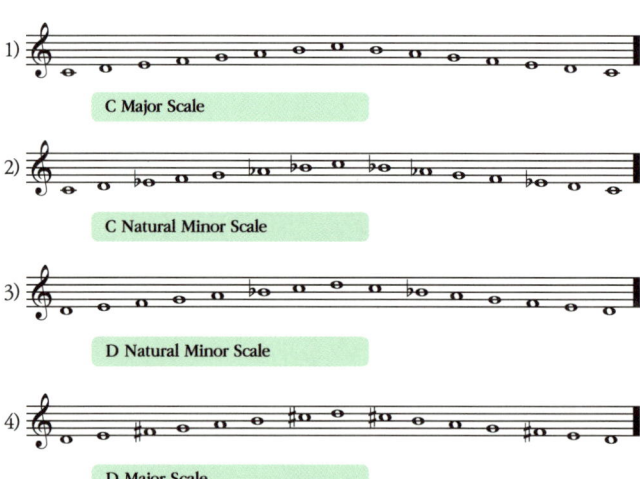

3.

1)

C Major Scale

2)

C Natural Minor Scale

3)

D Natural Minor Scale

4)

D Major Scale

4.

1) ③

2) ①

F1

3.

1)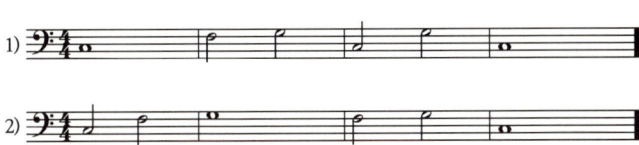

2)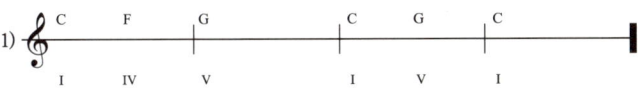

4.

1)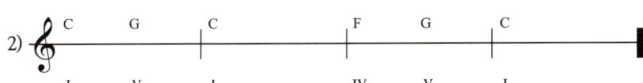

5.

1) ②

2) ③

G1

2. ②

3. ④

8. ②

9. ③

Chapter 2

A2

3.

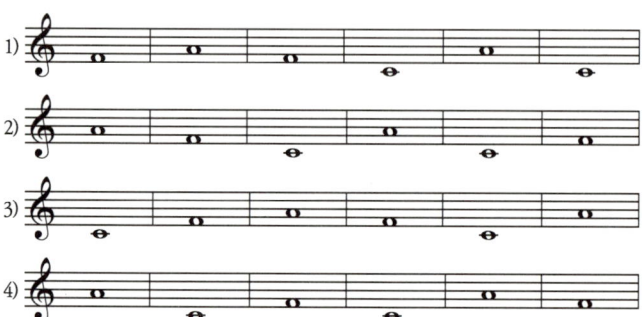

4.

1) ②

2) ②

B2

4.

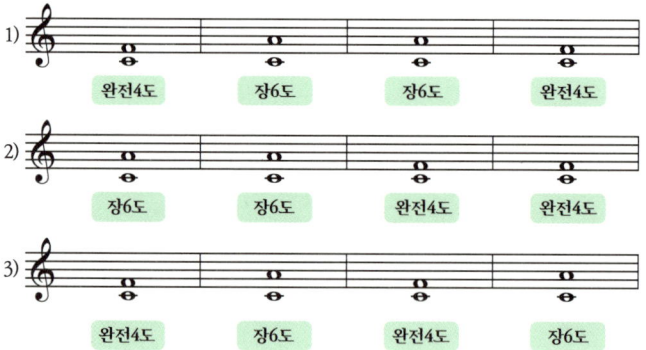

5.

1) ①

2) ③

4.

1)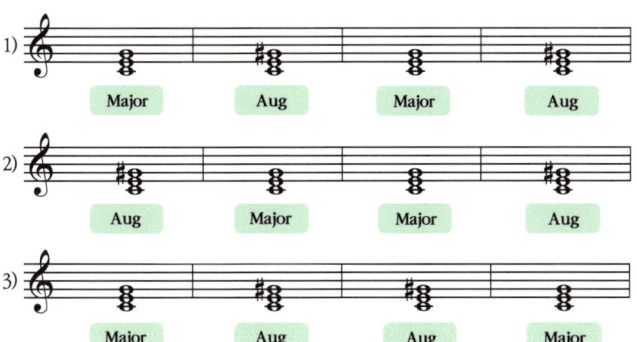

Major   Aug   Major   Aug

2)

Aug   Major   Major   Aug

3)

Major   Aug   Aug   Major

5.

1) ③

2) ②

D2

3.

1)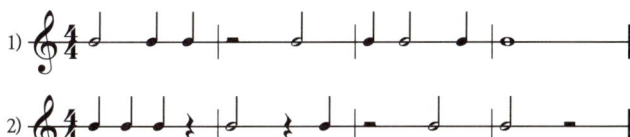

2)

4.

1)

2)

3)

4)

7.

8.

3.

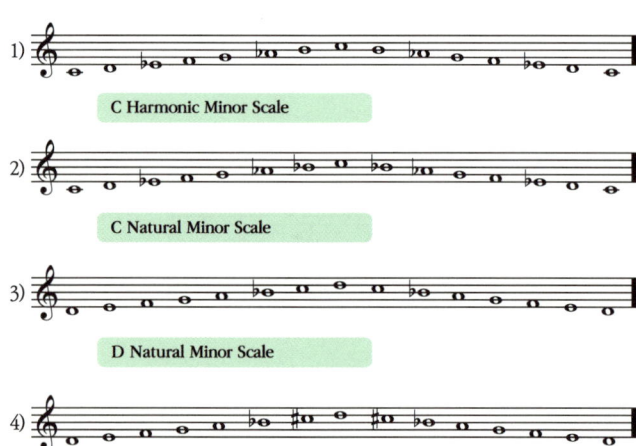

1) C Harmonic Minor Scale

2) C Natural Minor Scale

3) D Natural Minor Scale

4) D Harmonic Minor Scale

4.

1) ②

2) ④

3.

1)

2)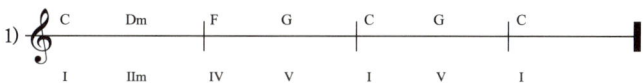

4.

1)

C   Dm   F   G   C   G   C
I   IIm   IV   V   I   V   I

2)

C   F   C   Dm   G   C
I   IV   I   IIm   V   I

5.

1) ①

2) ②

7. ②

8. ①

9. ④

10. ②

13. ③

14. ③

15. ②

Chapter 3

A3

3.

1)

2)

3)

4)

4.

1) ③

2) ②

B3

4.

1)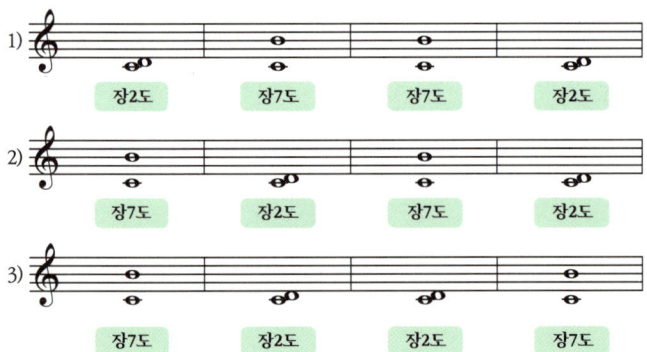

장2도　　장7도　　장7도　　장2도

2)

장7도　　장2도　　장7도　　장2도

3)

장7도　　장2도　　장2도　　장7도

5.

1) ②

2) ③

4.
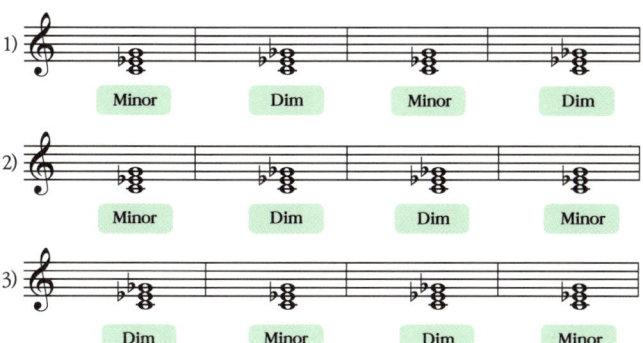

1) Minor — Dim — Minor — Dim

2) Minor — Dim — Dim — Minor

3) Dim — Minor — Dim — Minor

5.

1) ③

2) ①

D3

3.

1)

2)

4.

7.

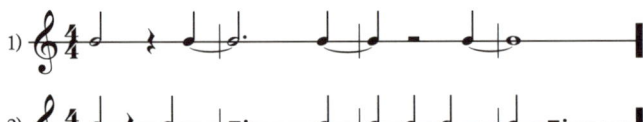

8.

E3

3.

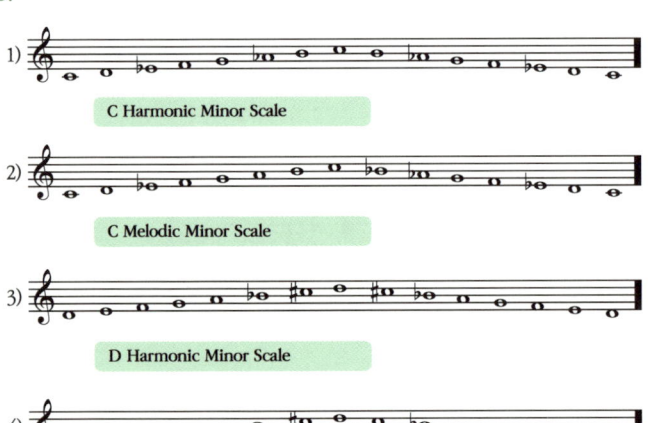

4.

1) ③

2) ②

F3

3.

1)

2)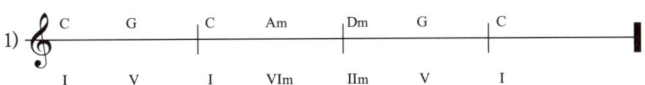

4.

1)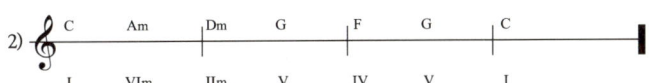

2)

5.

1) ①

2) ②

G3

3. ②

4. ③

5. ①

9. ①

10. ③

11. ②

1.

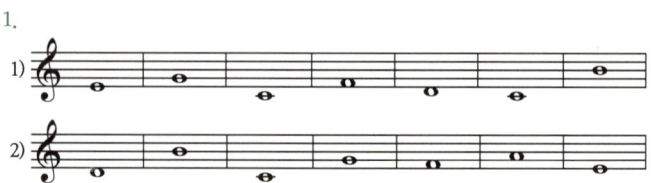

2.

3.

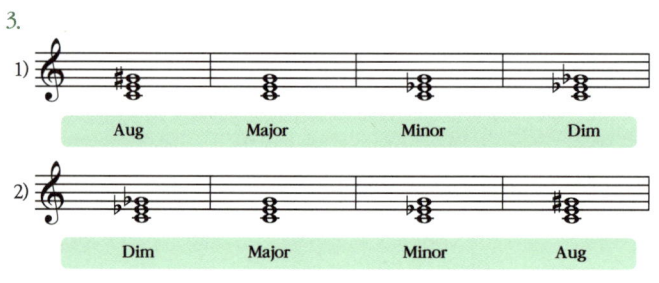

4. ③   5. ②   6. ④

7.

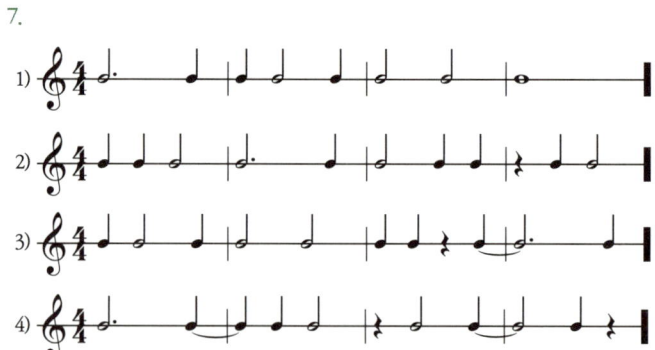

9.

11.

1) E Harmonic Minor Scale

2) B Melodic Minor Scale

3) F Major Scale

4) A Natural Minor Scale

12.

1)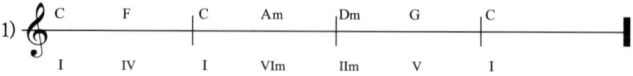

     C   F   C   Am   Dm   G   C

     I   IV   I   VIm   IIm   V   I

2)

     C   Am   Dm   G   F   G   C

     I   VIm   IIm   V   IV   V   I

3)

     G   Em   C   Am   D   G

     I   VIm   IV   IIm   V   I

4)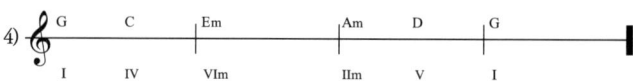

     G   C   Em   Am   D   G

     I   IV   VIm   IIm   V   I

13.

1)

     C   Am   F   Dm   G   C

2) ③

3) ①

4) ②

Chapter 4

A4

3.

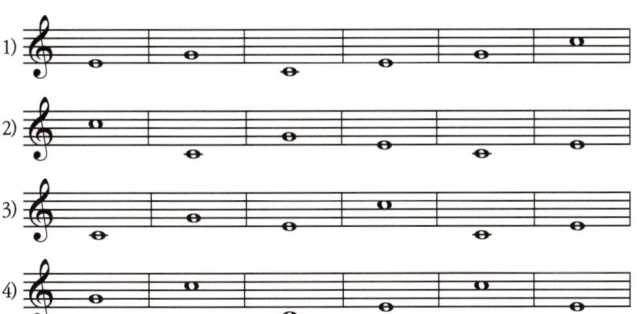

4.

1) ②

2) ②

B4

4.

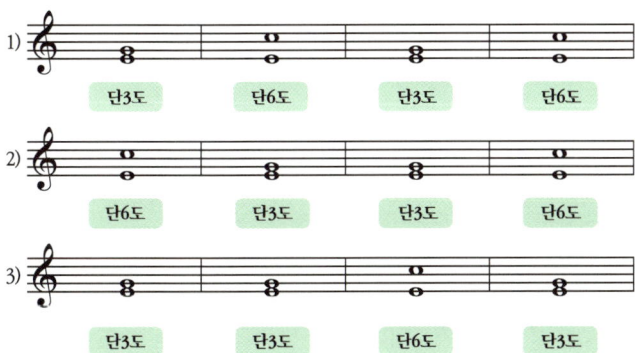

5.

1) ③

2) ④

4.

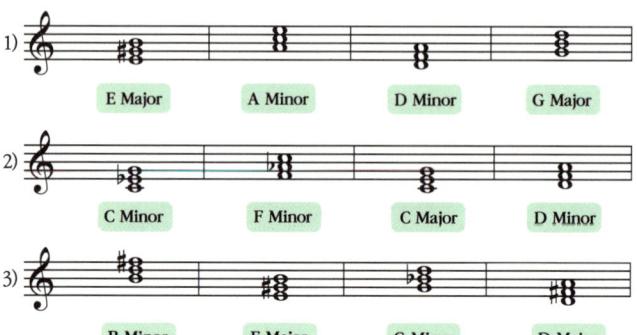

5.

1) ②

2) ③

3.

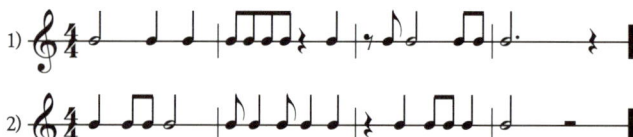

4.

7.

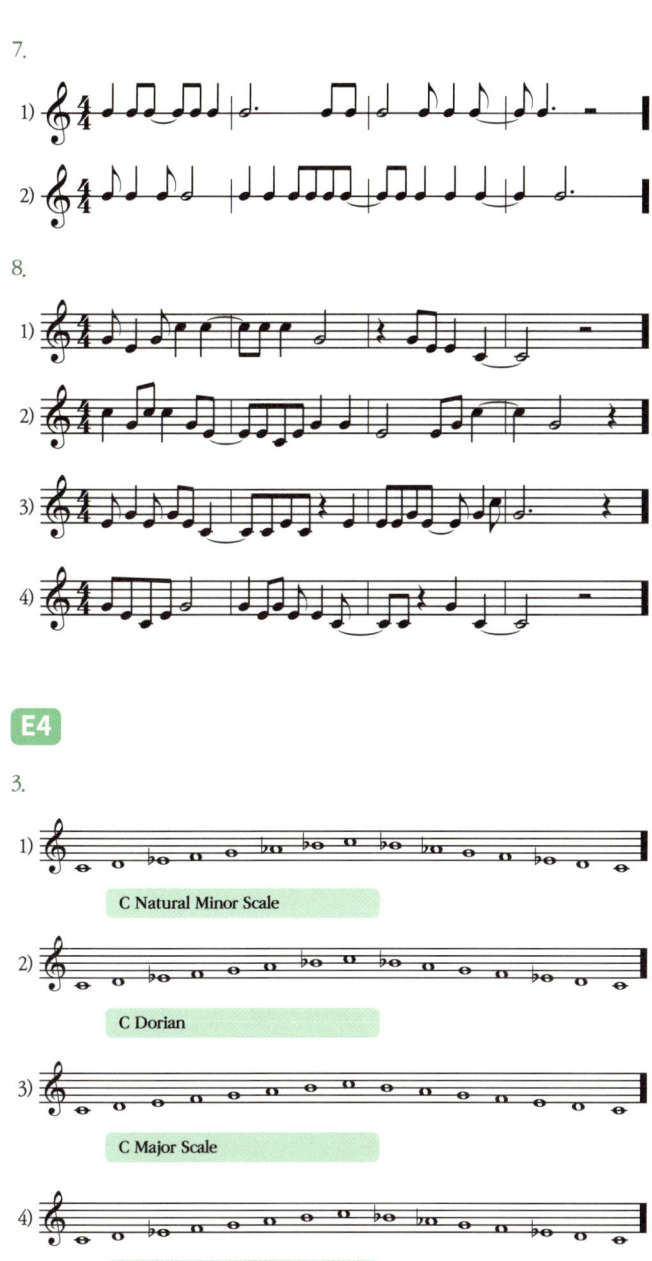

8.

E4

3.

1) C Natural Minor Scale

2) C Dorian

3) C Major Scale

4) C Melodic Minor Scale

E4

4.

1) ①

2) ②

F4

3.

4.

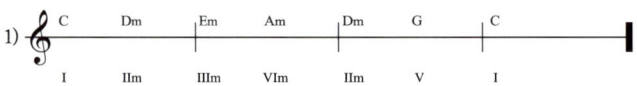

5.

1) ①

2) ②

G4

2. ①

3. ④

7. ③

8. ③

Chapter 5

A5

3.

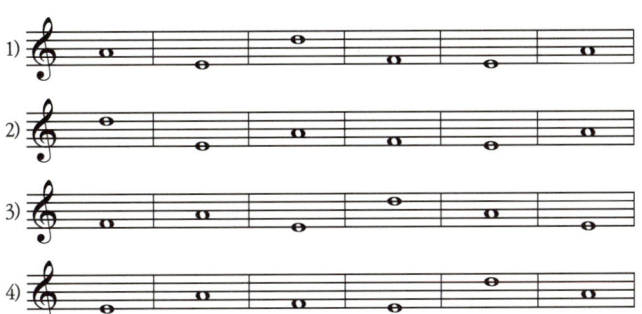

4.

1) ②

2) ④

B5

4.

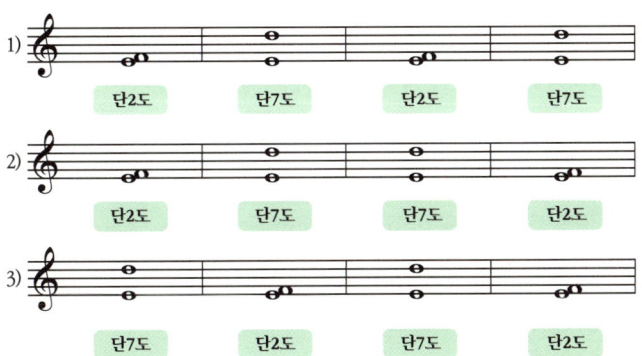

5.

1) ②

2) ①

4.

1)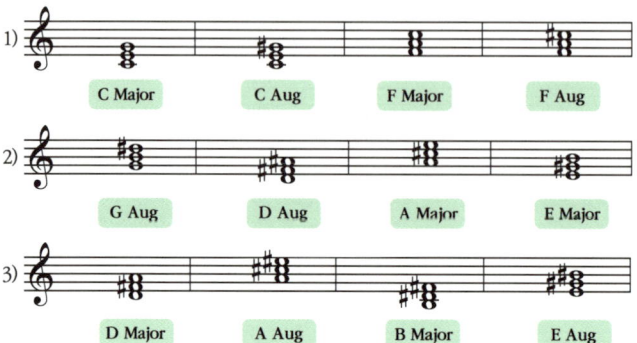

C Major   C Aug   F Major   F Aug

2)

G Aug   D Aug   A Major   E Major

3)

D Major   A Aug   B Major   E Aug

5.

1) ③

2) ②

3.

1)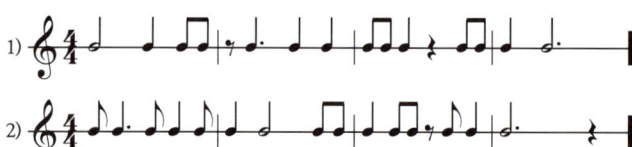

2)

4.

1)

2)

3)

4)

7.

1)

2)

8.

1)

2)

3)

4)

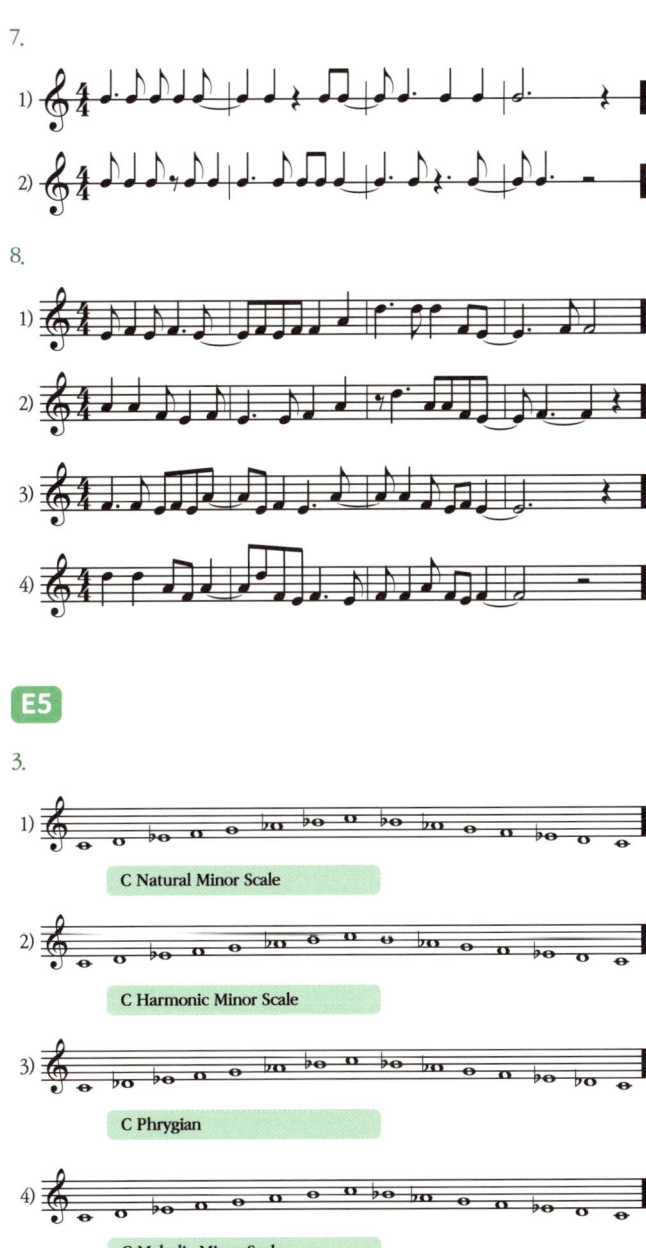

E5

3.

1)

C Natural Minor Scale

2)

C Harmonic Minor Scale

3)

C Phrygian

4)

C Melodic Minor Scale

4.

1) ①

2) ③

3.

4.

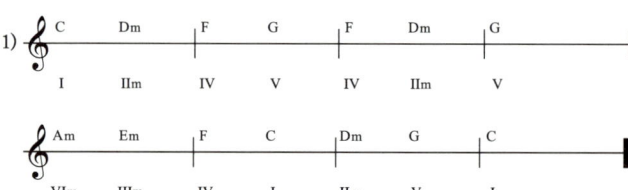

5.

1) ③

2) ①

2. ③

3. ②

7. ①

8. ④

Chapter 6

A6

3.

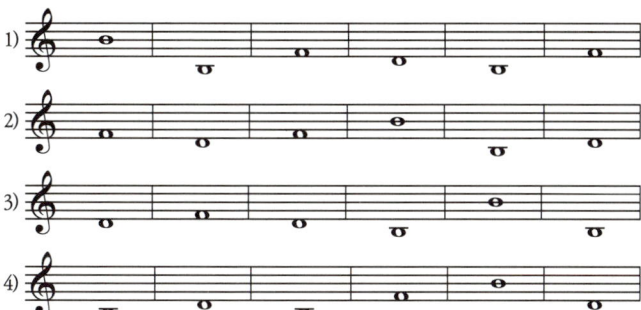

4.

1) ②

2) ③

B6

4.

5.

1) ④

2) ②

4.

1)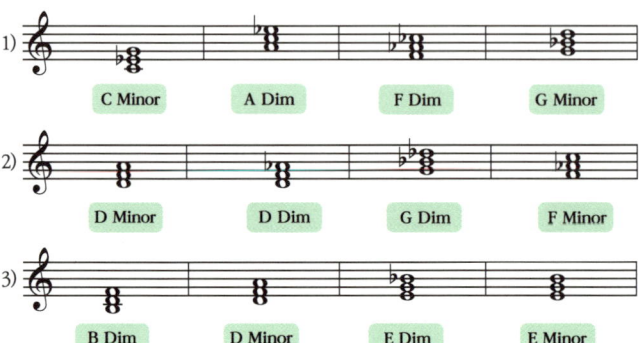

C Minor   A Dim   F Dim   G Minor

2)

D Minor   D Dim   G Dim   F Minor

3)

B Dim   D Minor   E Dim   E Minor

5.

1) ②

2) ①

4.

1)

2)

5.

1)

2)

3)

4)

8.

1)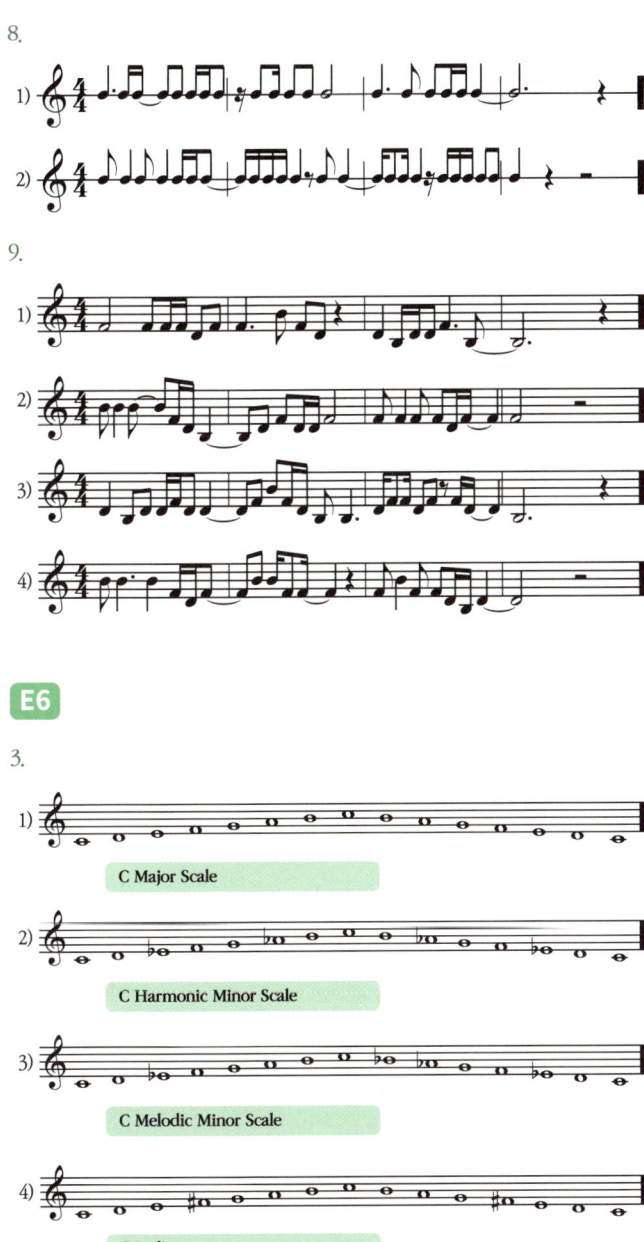

2)

9.

1)

2)

3)

4)

E6

3.

1)

C Major Scale

2)

C Harmonic Minor Scale

3)

C Melodic Minor Scale

4)

C Lydian

E6

4.

1) ②

2) ②

F6

3.

1)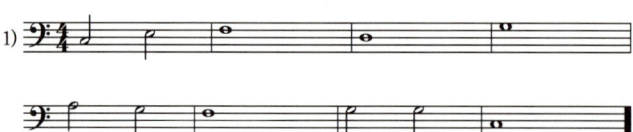

4.

1)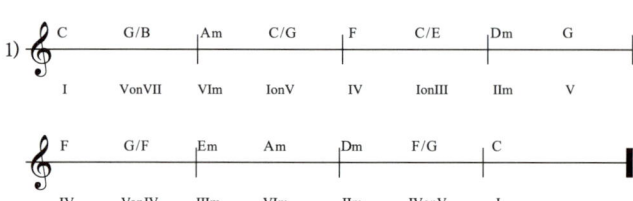

5.

1) ①

2) ③

G6

2. ④

3. ②

6. ②

7. ③

9.

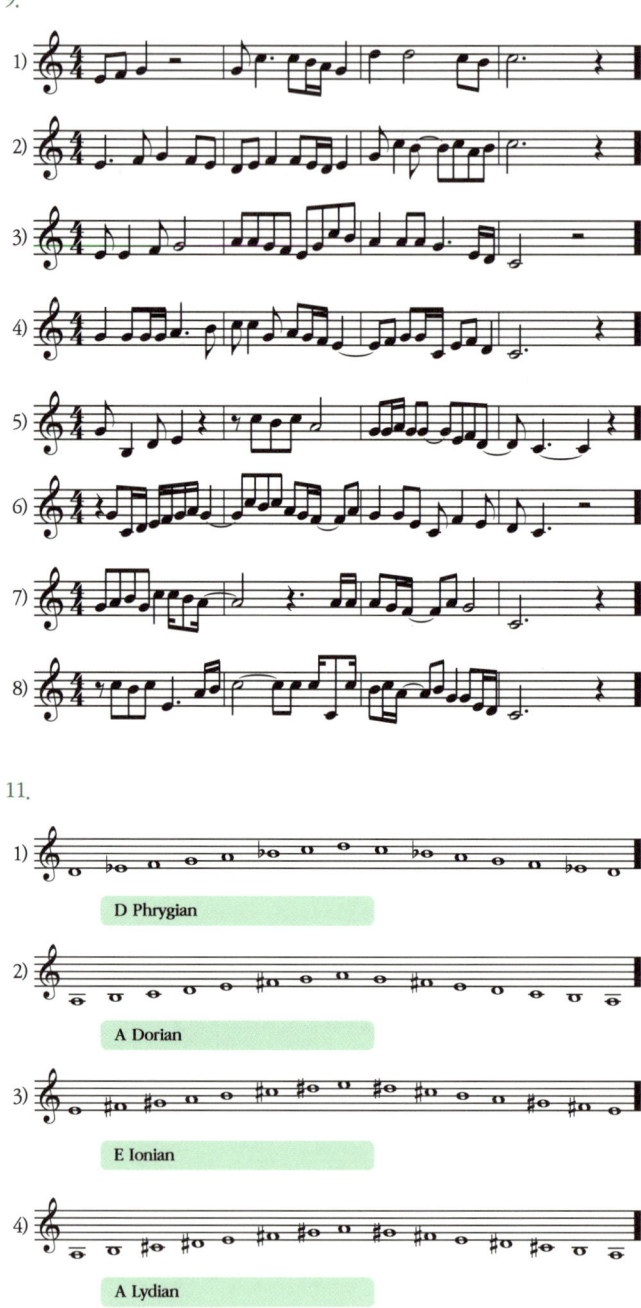

11.

12.

1)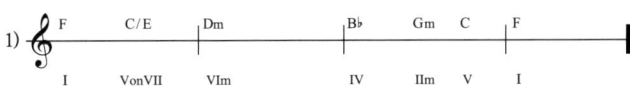

13.

1)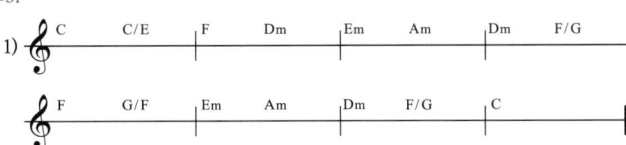

2) ①

3) ③

4) ④

5) ①

6) ①

7) ④

Chapter 7

A7

3.

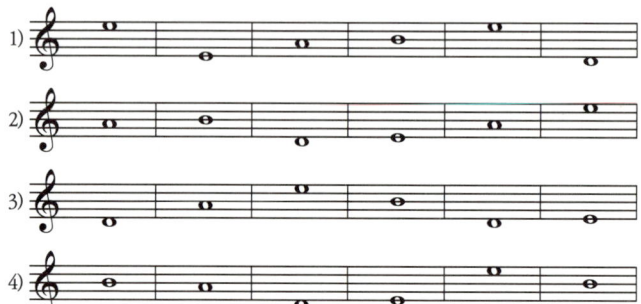

4.

1) ②

2) ②

B7

4.

5.

1) ①

2) ③

4.

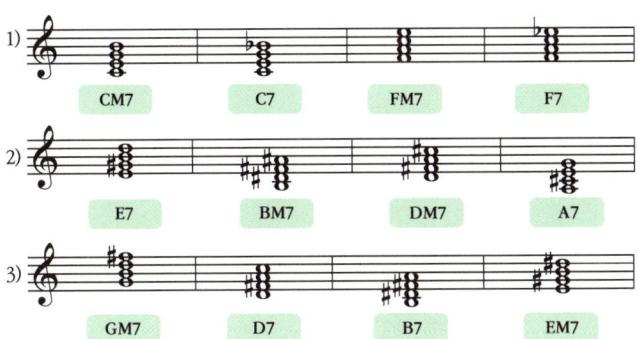

5.

1) ③

2) ①

D7

8.

1)

2)

9.

1)

2)

3)

4)

E7

3.

1)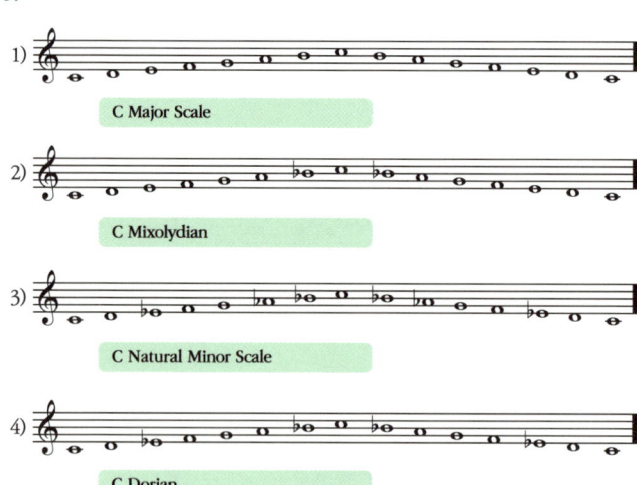

C Major Scale

2)

C Mixolydian

3)

C Natural Minor Scale

4)

C Dorian

4.

1) ①

2) ④

F7

3.

1)

4.

1)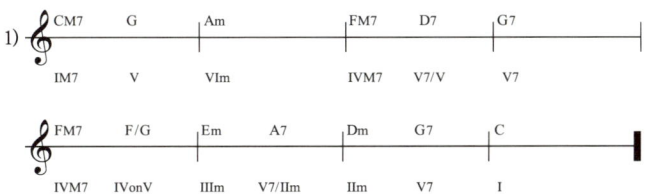

5.

1) ①

2) ③

G7

2. ③

3. ④

6. ②

7. ③

Chapter 8

A8

3.

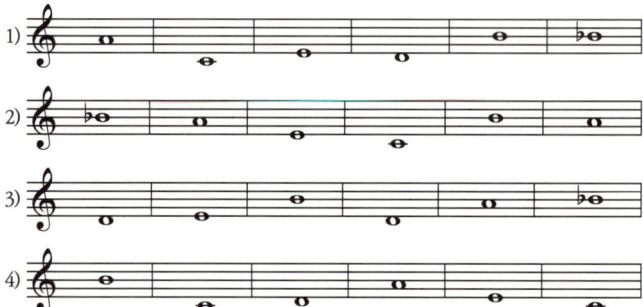

4.

1) ③

2) ②

B8

4.

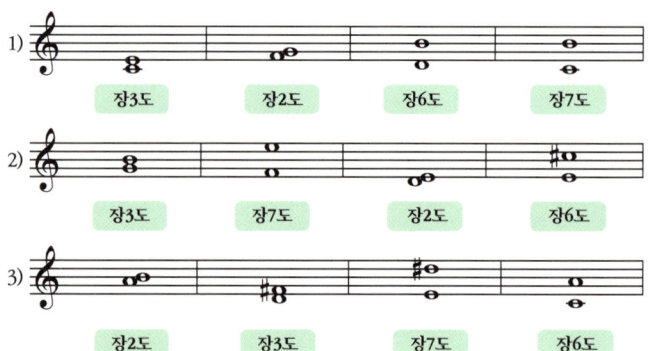

5.

1) ③

2) ①

4.

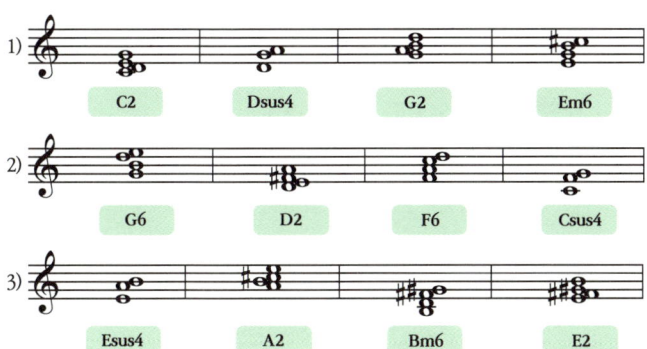

1) C2   Dsus4   G2   Em6

2) G6   D2   F6   Csus4

3) Esus4   A2   Bm6   E2

5.

1) ③

2) ③

D8

4.

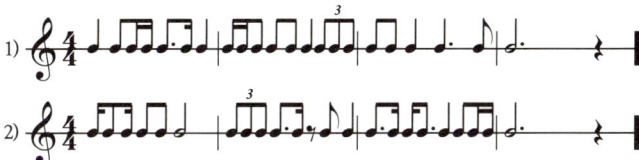

5.

8.

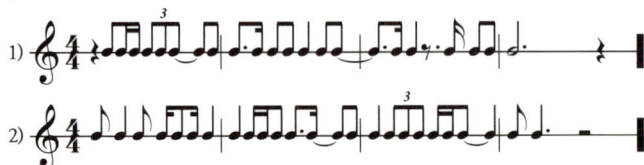

9.

3.

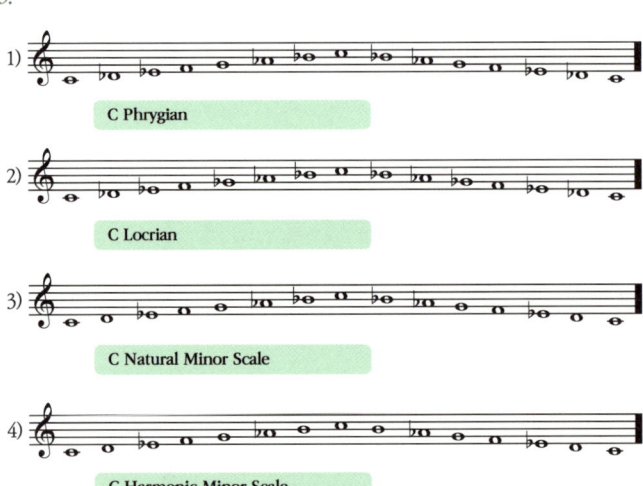

C Phrygian

C Locrian

C Natural Minor Scale

C Harmonic Minor Scale

4.

1) ②

2) ③

3.

1)

4.

1)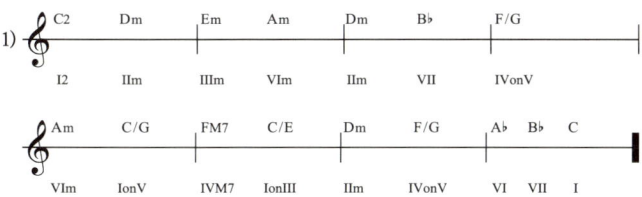

C2	Dm	Em	Am	Dm	B♭	F/G
I2	IIm	IIIm	VIm	IIm	VII	IVonV

Am	C/G	FM7	C/E	Dm	F/G	A♭	B♭	C
VIm	IonV	IVM7	IonIII	IIm	IVonV	VI	VII	I

5.

1) ①

2) ③

2. ③

3. ③

5. ①

6. ②

Chapter 9

A9

3.

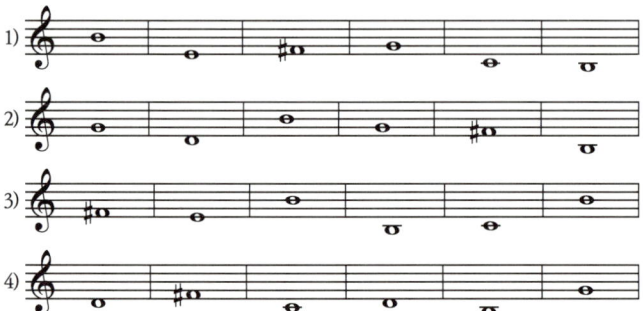

4.

1) ③

2) ④

B9

4.

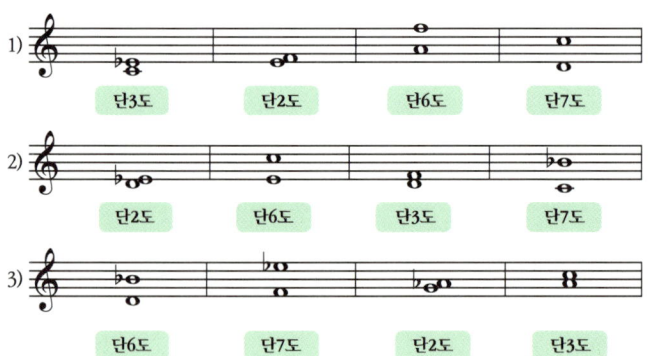

5.

1) ②

2) ①

4.

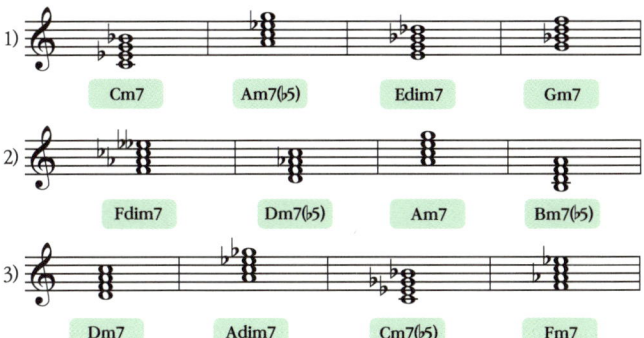

1)

| Cm7 | Am7(♭5) | Edim7 | Gm7 |

2)

| Fdim7 | Dm7(♭5) | Am7 | Bm7(♭5) |

3)

| Dm7 | Adim7 | Cm7(♭5) | Fm7 |

5.

1) ①

2) ④

3.

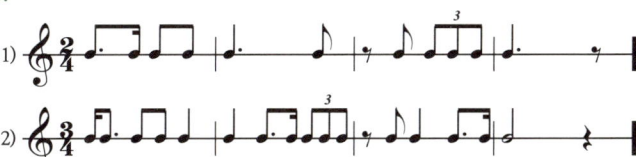

1)

2)

4.

1)

2)

3)

4)

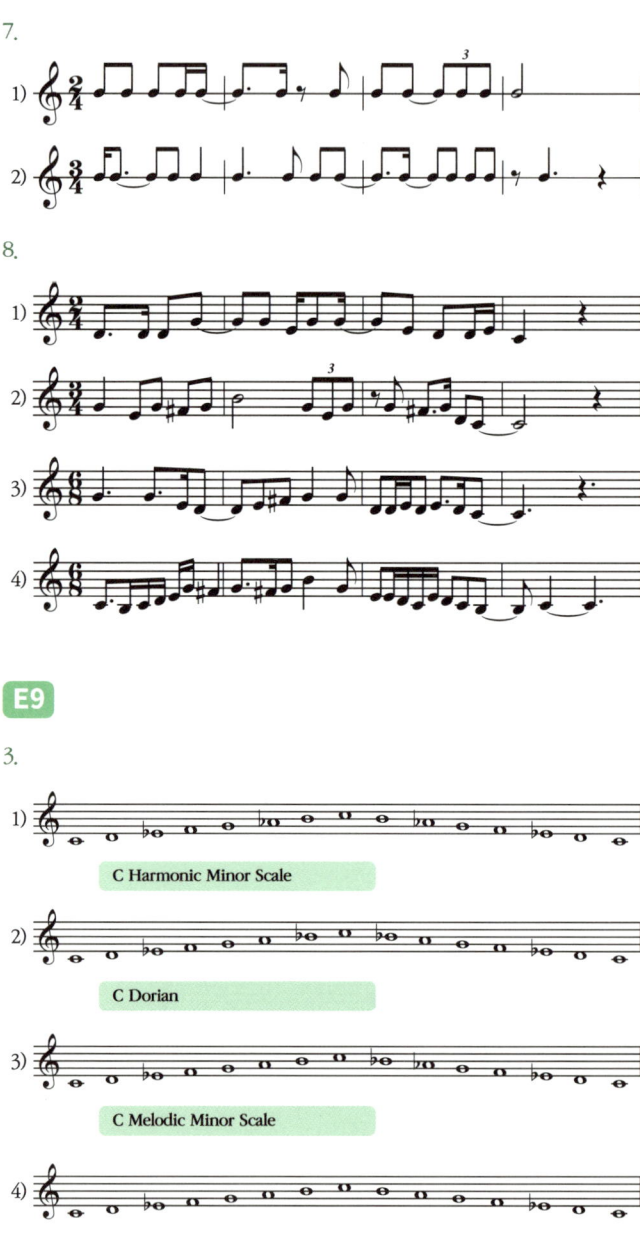

4.

1) ②

2) ④

3.

1)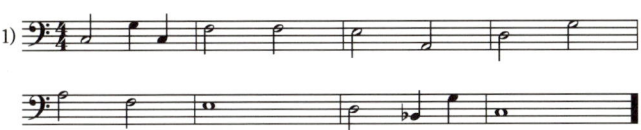

4.

1)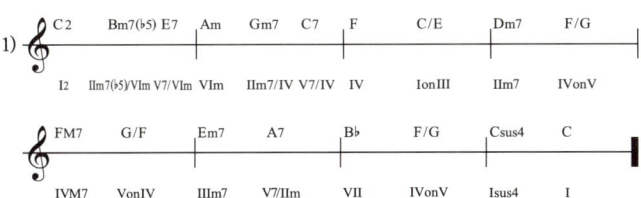

C2	Bm7(♭5) E7	Am	Gm7	C7	F	C/E	Dm7	F/G
I2	IIm7(♭5)/VIm V7/VIm	VIm	IIm7/IV V7/IV	IV		IonIII	IIm7	IVonV

FM7	G/F	Em7	A7	B♭	F/G	Csus4	C
IVM7	VonIV	IIIm7	V7/IIm	VII	IVonV	Isus4	I

5.

1) ①

2) ③

3. ②

4. ③

6. ④

7. ④

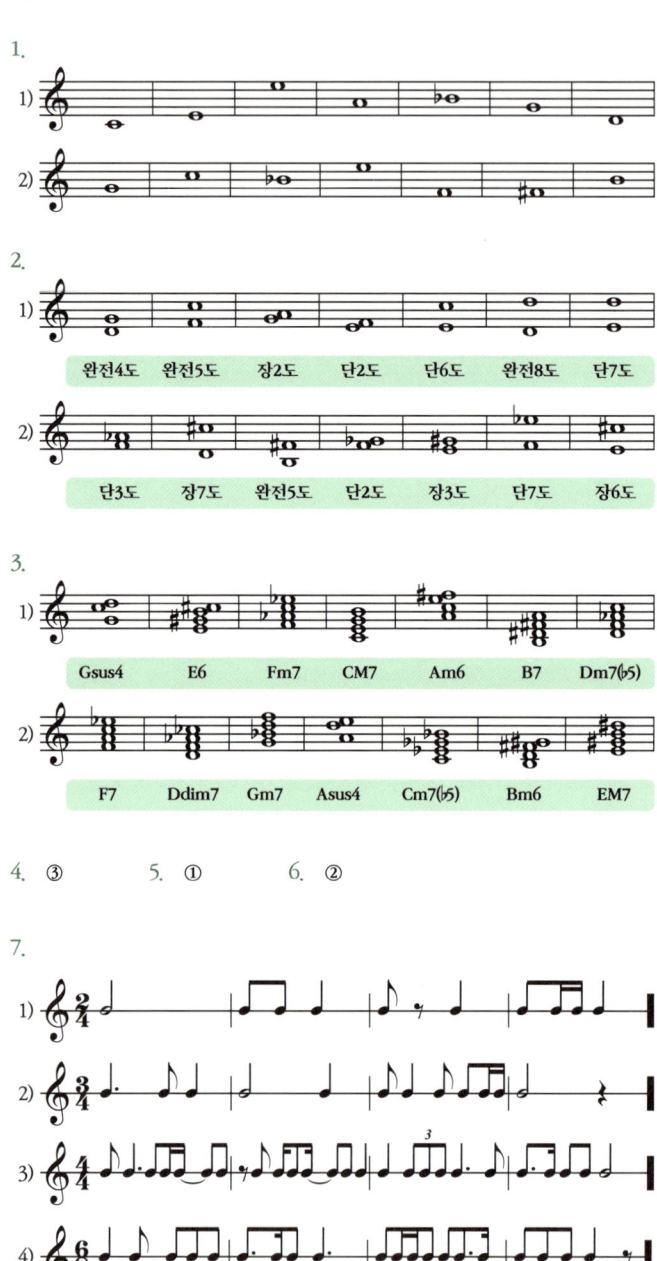

4. ③   5. ①   6. ②

9.

1)

2)

3)

4)

5)

6)

7)

8)

11.

1)

D Locrian

2)

F Mixolydian

3)

B Aeolian

4)

E Jazz Minor

12.

1)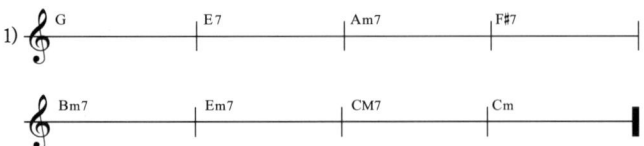

2) ②

3) ②

4) ④

5) ①

6) ④

13. ②

14. ①, ③, ⑥, ⑦, ⑧

작곡독학 가이드북

박주언 지음

292쪽 / 18,500원

1458music 펴냄

박터틀의 첫 책, 작곡도 독학할 수 있습니다.

박터틀의 '작곡독학 가이드북'은 제목 그대로 자신만의 노래를 직접 만들 수 있게 도와
주는 책이다. 코드 진행, 동기 멜로디, 가사, 리듬 파트로 나눠서 작곡에 필요한 기본기를
설명하고 있다. 작곡 입문자나 취미로 작곡을 하고 싶은 사람도 쉽게 이해하도록 구체적
인 설명과 소리를 들어볼 수 있는 Track, 삽화, 체크 문제가 수록되어 있다. 특히 저자가
직집 직사, 직곡힌 4곡을 예시로 설명이 전개되고 있어, 구체저인 연습을 할 수 있도록
도와준다.

\<추천사\>

"편하게 볼 수 있는 작곡 입문서가 나왔다. 작곡을 시작하는 사람에게 도움이
될 것이다. 이리저리 헤매지 않으려면 이 책을 보기 바란다."

김도훈 (작곡가, RBW 대표)

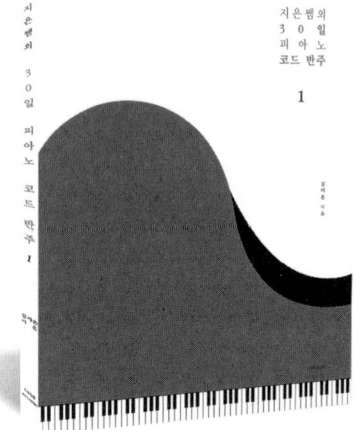

지은쌤의 30일 피아노 코드 반주

김지은 지음

251쪽 / 18,500원

1458music 펴냄

유튜브 강의와 함께 공부하는 피아노 반주법!

이 책은 단순히 악보만 따라 치는 교재를 넘어 스스로 반주를 만들 수 있는 능력을 키워준다. 반주 이론을 배우는 '오늘의 이론', 배운 이론을 유명곡이나 코드 진행에 맞춰 연습하는 '오늘의 연습', 본인 스스로 반주를 만들어 보는 '오늘의 적용'으로 구성되어 있어서 체계적으로 반주를 배울 수 있다.

<추천사>

"노래하는 사람으로서 많은 뮤지션과 인연을 맺으며 지내고 있습니다. 그때마다 느끼는 것은 좋은 반주자의 중요성입니다. '지은쌤의 30일 피아노 코드 반주'에는 좋은 반주자가 되기 위한 알찬 해답이 담겨 있습니다. 이 책으로 쉽고 재미있게 익혀 간다면, 분명 유능한 반주자로서 가능성을 발견할 수 있을 것입니다."

지선 (러브홀릭, 용인대학교 실용음악과 전임 교수)